VOARCHADV
MIA CONTRA ALCHI-
miá: Ars diſtinƈta ab Archimía,
& Sophia:cum Additionibus,
Proportionibus: Numeris,
& Figuris opportunis
Ioánis Auguſtini Pá-
thei Veneti ſa-
cerdotis.

PARISIIS,

Apud Viuentium Gaultherot, via ad
Diuum Iacobum, ſub ſigno
D. Martini.

1 5 5 0.

⟡CONCESSIO
REVERENDISSIMI
D. Legati apoſtolici.

ALTOBELLVS Aueroldus Dei & Apoſtolicæ ſedis gratia Epiſcopus Polen. S. D. N. Papæ Referen. & per totum Venetorum dominiũ, cum poteſtate Legati Cardinalis de latere, Legatus apoſtolicus. Dilecto nobis in CHRISTO Ioanni Auguſtino Pantheo, Veneto ſacerdoti ſalutē in domino ſempiternam, & cætera.

Mandamus igitur & præcipimus authoritate a-   *Clauſula* poſtolica, qua ex munere legationis noſtræ huiuſ-   *Bullæ.* modi fungimur in hac parte:ne quis legationi noſtræ ſubiectus, id ipſum opuſculum ſiue Latina, ſiue Vernacula lingua perſcriptum : in locis legationis noſtræ huiuſmodi imprimere, aut impreſſum venundare, vendendúmve tradere ullis in locis aliquando audeat: ſine tuo, vel hæredum tuorũ conſenſu, & conceſsione . Qui contra Mandatum hoc noſtrum fecerit, & admiſerit: quibuſcunque in locis legationis prædictæ id fecerit : is ſtatim excommunicatus eſto : & præterea centum ducatorum auri pœna multetur. Quorum Vigintiquinque Accuſatori, qui etiam ſecretus tenebitur: Vigintiquin-

que tibi damnũ patienti: cum quibufuis codicibus
huiufmodi impreſsis: vigintiquinq; Executori, ſiue
eccleſiaſtico, ſiue ſæculari per te eligẽdo: & reliqui
vigintiquinq; Hoſpitali pauperũ incurabilium ciui-
tatis Venetiarum applicentur. Data, & cætera.

A. Epiſcopus Polen. Legatus.

Robertus Magius
Lc. de Magiſtris.

Conceſsio Clariſsimorum D. Capitum illu-
ſtriſſimi conſilii Decemuirum pro
impreſsione huius operis.

Nfra ſcripti Clariſſ. D. Capita illuſtriſ-
ſimi Conſilij. X. Viſis, & optimè intel-
lectis relationibus infra ſcriptis datis cũ
iuramento D. Antonij de Fantis: & D.
Victoris Fauſti doctorũ: ſuper quodam opere com
poſito per venerabilem D. Ioannem Auguſtinum
Pantheum Venetum, circa metallicas tranſmuta-
tiones, conceſſerunt eidem D. Ioanni Auguſtino: &
ita præſentis ſerie concedunt, & permittunt: vt poſſit imprimere opus antedictum, & ita iuſſerunt an-
notari.

D. Hieronymus Lauredanus.
D. Hieronymus Barbadicus. Capita, &c.
An. de Franciſcis illuſtriſſmi
CONSILII X. à Secretis.

ANDREAE GRI

TI ILLVSTRISS. VENE-
torum Principi, Ioánes Augufti-
nus Pantheus Venetus facer-
dos, Imperium fœlix,
ac diuturnú.

Vmmus ille Opifex rerum, cuius fapientiæ non eft ter-minus, omnipotentia fua, ho minem homini conciliat ad vitæ focietatem. Hæc autem focietas & congregatio, Ci-uitas, & Refpublica nuncu-patur. Ciuitas autem omnis & fi naturali, communíque totius populi confen-fu, & Iuftitiæ robore confletur & conferuetur: Ve-netorum tamen C I V I T A S S A N C T A, præcipua quadam diuini numinis prouidentia, ex multarum circunquáque vrbium optimatibus, fæuitiam & im-manitatem Atilæ totam tunc deuaftantis Italiam, confugientibus (ceu quondam per arcam Noë à diluuio paucis feruatis) primum hunc in locum, vt infra (Anno Chrifti Iefu primo & vigefimo fupra Ber.Iufti-quadrigentefimum, octauo Calendas Aprilis: in niani de o-hora & in angulo meridiei) fita eft & congregata. rigine vrbis Deinde quanquam variis bellorum turbinibus agi- Venetorū tata fit fæpius ac vexata : diuina tamen ope femper in princi-
pio.c.

adiuta,tantum creuit,vt & omnium aliarum rerum
publicarum(quæcunque fama celebrentur)nullius
prorsus indigeat. Nam dici non potest quàm rectis
sapientissimorum Principum consiliis, quàm forti-
bus factis, quàm sanctis Patrum institutis fundata,
in dies melius ac foelicius propagata fuerit. Quum
ergo dominus æternus vniuersalis supernus, per
quem Reges regnant, & Principes imperant: Te
Serenissime, Inuictissiméque Princeps, post multas
Legationes, & præclaros Magistratus sapiéter exa-
ctos: post illustre simul & foelix Veneti exercitus
imperium & moderamen: demumque post varios
maris ac terræ labores,& libenter susceptos, & glo-
riose superatos: huic optimæ Reipublicæ Principem,Moderatorem, patriæq; Patrem meritò præ-
fecerit: vt vnus esses, qui populum Venetum, &
subditas Ciuitates,in tanto bellorum tumultu, tan-
ta famis, pestisque miseria nonnihil titubantes, tua
prudentia,tuáque animi magnitudine: veluti Her-
cules cælum non solum modo susciperes, & conso-
lareris:verum etiam tuereris, & conseruares. Quis
igitur tam impos mentis extiterit: qui non Te merito cunctis verum Patrem, & Defensorem prædi-
cet? non instar excelsi Numinis veneretur. Quum
præsertim Is sis, qui subuenias omnibus, omnibus
prosis,omnium commodo consulas,& saluti. Nam
quis nesciat bonum Principem non tantum sibi,sed
suæ Reipublicæ, suis Ciuibus, suis denique Popu-
lis natum esse? Dum seditiosos, ac discordes oppri-
mit:superbos, ac rebelles castigat:humiles, & stu-
diosos erigit, ac extollit. Nam profecto societatis
humanæ

humanę vinculum solueretur,niſi Præſes aliquis ad-
eſſet:cuius opera, ſtudio, & authoritąte, prauorum
audacia reprimeretur : bonorum innocentia con-
ſeruaretur : ſtudioſorum ingenia congruis virtuti
præmiis allicerentur,& fouerentur : ac vitæ, & ho-
noris præſidia ſubminiſtrarētur.Pulchrum eſt enim
hominem cæteris præſtare : Ingenuîs autem, & il-
luſtribus præeſſe:at quis non pulchrius cenſeat &
laudabilius,poſſe multos efficere fœlices?Quæ (ſanè) poteſtas ſummis laudibus eſt efferenda, quoniam Sereniſsime Princeps tibi non fortuna, ſed
virtute extitit comparata. Ad tē Pantheus amplitudinis tuæ obſeruantiſsimus confugit : ac ſupplex
tuum Numē inuocat,obſecrátqùe,vt & ſe, & ſuum
hoc opuſculum de tranſmutatione , purificatione,
multiplicatione,& proportiōe Argenti , pariter &
Auri Voarchadúmia contra Alchímiam nuncupa-
tum:tuo hilari, ſerenóque vultu ſuſcipias , & tuea-
re:ac(quo ſoles Clientuli cuiuſque tui monumen-
ta)præſidio proſequaris.   Vale.

REVERENDISSIMO

IN CRISTO PATRI, ET D. D.
Altobello Aueroldo, Dei, & Apostolicæ sedis
gratia Episcopo Polen. Sanctissimíque D. N.
Papæ Referen. ac per totam ditionem Venetam,
cum potestate Legati Cardinalis de latere, Legato digniss. Ioannes Augustinus Pantheus Venetus sacerdos, perennem fœlicitatem.

Andiu Voarchadúmiæ no-
stræ (contra Alchímiam, via,
& ratione ab Archimía, & So
phia, diuersè) fœtus in lucem
emersisset (Presul Reuerendiss.) nisi Genius quidam, ta-
libus verbis, assidue increpás,
ab incepto deterruisset. Pan-
theu? Quis te furor agit? Qua tibi audacia tantum
arrogas? Vt implumem adhuc Auiculam nido abi-
gas? Cui tantú abest, vt vires suppetant ad volatum:
quo ne pedibus quidem tuto possit incedere? Quis
hoc de te Pantes suspicetur? Vt quo plura se impe-
dimenta obiiciunt, eò impensius hunc tuum fœtum
emittere festines? Et quod est magis absurdum:nó
Italiam modo, sed vniuersum terrarum orbem, ve-
lis eum peragere ? Ac insuper (quod præter animi
tui sententiam est) ANDREAM GRITVM Ra-
diantissimum Venetæ Reipub. sidus, à cuius auspi-
cacissim. Nutu, ac renutu, vniuersus imperij status
pendet:audeas incaute interpellare? Vide (quæso)
quid

quid agas. Ille maioribus negociis est implicitus:
quàm vt cuiufquam verbis poſsit vacare. Et niſi tan
to lectore digna attuleris, futurum ſine dubio eſt,
vt vnde gratiam ſperas:inde cótemptum, & odium
referas. Meum itaque conſilium(nec fortaſſe impe-
ritum)hoc eſt,vel impotentem adhuc foetum hunc
tantifper educandũ,donec potentior, & longè gra-
tior prodire poſsit : vel ſi prorſus edendum putas,
ita exornare contendas,vt non turpis ſaltem videatur. His ergo monitis, ſæpiſsimè caſtigatus addubi-
taui(fateor) aliquandiu,ne nimius patris indulgen-
tifsimimi amor, rectum iudicium falleret . Idcirco
duos conſului Cenſores,qui totum rurſus opus,tér-
que, quatérque ab initio ad finem vſque reuolue-
rent,explorarent, ac diligenter perpenderent. Diſ-
cuſsis autem ſingulis quibúſque, nihil in toto opere
deprehenſum eſt,quod addi,vel detrahi,vel mutari
debere videretur. Nanque opus ſuis perfectũ aſſe-
rebant proportionibus. Partes vniuerſas conuenire,
inſigni forma præſtare, vegetum corpus eſſe, ſucco
plenum, afſiduo, ac diuturno labore firmatum : vt
nullius critici iudicium exhorreſcat:vnum duntaxat
exceptũ eſt:Venuſta ſcilicet oris elegantia: cum tamen eam nos volentes , ſcientéſque dicendi magiſtris reliquerimus, contenti verborum ſimplicitate:
vt illis verba,non ſententiæ verbis ambitioſius inſer-
uirent. In quo (niſi me iudicium fallit) humillimus
ſacrarũ literarũ ſtylus, in quo diutius verſati ſumus,
hãc noſtri ſermonis negligentiam fouet,tuetúrque,
vulgatis ſæpius & vſitatis, quàm elegantibus, & ex-
quiſitis verbis vtens , quòd nihil ineptius habeatur,
quàm

quam in quæstione veritatis cognoscendæ, de verborum ornatu esse solicitum . Fides authoris non temerè solet esse suspecta:vbi insolentes vocum illecebræ affectantur. Qui flores pluris fructibus faciunt, non immeritò (tanquam inanes) à grauioribus viris reiiciuntur . Nos haud quaquam populi plausum quæritamus,satis habemus, ac super, si pauci silentes introspiciant, & aliquid tanquam stupidi, vel è penitissimis naturæ penetralibus , vel è remotissimis cæli adytis erutum admirétur. Reliquos verò,ceu indignos, & nostrorum cóceptuum ignaros paruipendimus , siue rudi ingenio , seu humili sermone inculti céseamur.Cum hóc,vel imprimis glo riosum nobis futurum arbitremur, si hæc (qualiacunque sint) imperitiori multitudini displicuerint. Nec enim dicendi tantum gratia, lepósve,|sapienté hominé reddit: Quin hoc etiam dedita opera facimus:vt cęlata veritate sub amariori cortice locutionis vulgus ignarum, à tátarum rerú lectione absterreatur: quemadmodum Voarchadúmici, Archicanopísq; consuevere,qui Argentum,& Aurum oleis, vel aquis occultant:quo videntes non videant,& intelligentes non percipiant.Circunspecti negociatores in Fionis,nó superficiem,sed clausam substantiá inquirunt.Hic etiá non de artificioso verborum ambitu,sed de rebus seriis palma quæritur, eò peremnior quod ea premuntur: quæ non in Gemmis, vel in aëre,sed in Auro, vel potius in sempiternis métibus cudenda sint. Quippequæ cognita, & seruata, vere beatum hominem reddant,si rebus agédis nauiter detoperam : non si omniú linguarú venustate

tantum

tantum fuerit imbutus. Nos equidem hac reputamus gloriandum, quod meram (licet incomptam) veritatem Cabalifticis metallorum gratiorem videamus fore: quàm fi eadem figmentis eloquentiæ, & vano coloris velamine in publicum perueniffet. Cum litera occidat, fpiritus autem viuificet. Sed fi hæc vera effent (fortaffe) quippiam contra nos merito dici poffent, vnde Aduocati, atque Ducis auxilium implorandum eft: cuius patrocinio quacunque libeat ingredi, liber aditus pateat. Atque ne diutius immoremur, en Altobellus Aueroldus, nobilis Brixianus, Dei, & Apoftolicæ fedis gratia, Polen. Epifcopus, propontifex optimus. En vltro omnibus myfticæ Philofophiæ candidatis patronus: cuius aufpicio, & authoritate, fi libellus hic æditus fuerit, cum apud omnes alios terrarum Dominos, tum præcipue apud Venetorum ducem fereniffimum, pientiffimúmque Senatum, fine vllo metu reprehenfionis, Victor volitare poterit. Hic Reuerendiff. Antiftes, vt antiquiffimam gêtis Aueroldæ nobilitatem, vt amplifsimam totius corporis dignitatem prætermittamus, qua fic eminet, vt, vel procul intuenti terrenum Numen, non hominem præ fe ferat, diuino eft ingenio, & ad promerêdam femper nouam gratiam comparato. Incredibili morum fuauitate, ad hæc obuia, atque expetita omnibus comitate: qua fit, vt quocũque fe vertat, omnia protinus hilarefcant. Quo certior fpes, maiórque fiducia eft nobis propofita impetrandi: quod oramus. Oramus autem, Reuerendifsime Pater, Vt quanto longe, latéque tua facrofancta pollet authoritas,

ritas,

ritas, opus hoc n oftrum (in lucem ædendum) in tu-
telam recipias, quo præfidio, tuo munitum, tutius
in doctifsimorum Virorum manus veniat. Eft enim
nobis iampridem exploratum, quòd fi tuo quoque fuffragio, tuóque fauore, ac numine com-
probatum fuerit, extra omnem aleam pofitum, ab
omníque fecurum inuidia per vniuerfum terrarum orbem volitabit. Quod fi tua benignitate, ac-
ciderit, Pantheus amplitudinis tuæ obferuantifsi-
mus, quicquid animi, corporifque viribus pollet,
quoad vixerit, tibi deditifsimum fore pollicetur.
Vale.

ARTIS VOARCHADVMICAE
Canticum ad Lectorem.

Chaldaica sub voce feror lux, candide lector

    Voarchadúmia: cælitus ars, & opus.

Alchímiam, falsò vocitant me nomine plùres:

    Grandia quum Lunæ, factáque Solis agam.

Si me pertentes, aliquid pertingere maius

    Falleris: authorem consule, vera scies.

Ergo age, percipias, hylari mea dogmata vultu:

    Nam datur, aurifera quicquid ab arte fluit.

AVTHORIS INTENTIO

de Voarchadúmica professione,
contra Alchímiam, Arte di-
stincta ab Archimía,
& Sophia.

ACILE plerosque admira-
turos opinamur, lector hu-
manissimè perlegentes opus
hoc Voarchadúmia nuncu-
patum, cótra Alchímiam æ-
ditum:& non parum ab Ar-
chimía, & Sophia seiunctú.
Qui(sanè)quum æquo ani-
mo singula in ipso contenta reuoluerint,eos(profe
ctò)à lectione huius operis minimè animum suum
alienaturos putamus.Qua de re nos à ratione alienum fore nequaquam duximus in principio istius
voluminis : cur nobis id euenerit appellasse, palàm
facere studiosis. Illa præsertim de causa quòd non
solum innumeras(vt ita dicam)gentes maximè phi-
losophiæ expertes sed etiá viros amplissimis & ho-
nore,& dignitate præstantes, intuemur non parum
desiderare naturæ penetralia perscrutari : qui circa
præcipuas Argenti,& Auri transmutationes,purifi-
cationes, multiplicationes, & proportiones, nullis
parcentes expensis,nullísq; laboribus,& vigiliis,die,
noctúq; operam impendunt:ac circa eam rem versari videntur vel ipso lucrádi desiderio ducti:vel co-

gnofcendi potius occafione allecti, ac ita rimantur
fecretiora naturæ myfteria. De quibus equidem
quid hac in re verius afferendum cenfeamus iuxta
peritiorum femitam, breuibus, annuente domino
æterno omnipotenti, aperiemus.

Dicimus enim omnes metallicarũ tranfmutatio-
nũ artifices:Quadrifariã verfari poffe,ac laborare. **Quadrifaria tranfmutatio metallorum.**

Primo(fanè)modo,luminaria fcilicet Argentum,
& Aurum fingendo:hoc eft in multis tinctuarũ ge-
neribus,& fophifticationũ fpeciebus imperfectiora **Primus modus.Sophifticatio.**
metalla colorando,ipfáque alterando:propria tamẽ
ipforum effentia, fubftantiáque remanente. Quam
profefsiomem cnmmuni omnium confenfu Alchí- **Archimia quid.**
miam(ab Alchímo dicta:quę profecto)ex Hebrai-
ca dictione interpretata fermentum vani confilij
interponitur) vocamus. Quæ quum nullam habeat
veram Argenti,aut Auri exiftentiã,fed prorfus ina- **Ab Hever non autem ab Habraã.**
nem,ac falfam apparentiã:merito eft(vti infra mon
ftrabimus tã rationibus, quàm autoritatibus)dãna-
ta,& damnanda,penitúfq; de medio tollenda.

Secundo autem modo , plerique etiam viri boni **Secundus**
& primates,vbique,lccorũ laborant, fperátes Elei- **modus.**
firia quædam poffe conficere ex variis (vt putant) **Tranfmutatio.**
màteriis : illáq; in tantum vigoris, & fubtilitatis api-
cem deducere: vt facta fuper quouis metallo illius **Alchîmia**
Medicinæ proiectione, mox in Argentum purum, **quid.**
vel Aurum fuluum tranfmutetur:& hoc ferè in infinitum. Hanc autem metallicam profefsionem(&
fi non dicam vane fperatam, fed diuina potius affe-
quendam gratia) vocant Archimfam:quafi vnitatis,
& vnius veri confilij Principem. De qua fanè) admirabili

mirabili trãſmutatione plurima tam priſcorũ,quàm
neotericorũ volumina paſsim circumferuntur:Tu-
balchà in ſcilicet Hermetis, Géberi,Alphidij, Aui-
cenæ,Turbæ, Hortulani, Roſini, Alberti, Arnaldi,
Raymundi,Mariæ prophetiſſæ, Morieni, Chriſto-
phori Pariſienſis : aliorúmque quàm plurimorum
Arabum, Chaldæorum, Græcorum, Hebræorum
Indorum, & Latinorum. Ex quorum lectionibus,
additionibus, contradictionibus, figuris, lineis,lite-
ris,metaphoris,notis,prophetiis, punctis,ſimilitudi-
nibus, ſyncopis: ſynonymis,atq; enygmaticis codi-
cibus:nũquid poſsibilis hęc tranſmutatio ſit hucuſq;
inuenta,vel inueniendi ſpes indies augeatur, modo
in re quàm ſatis facile cognoſcimus. At potius illud
Philoſophi adagium in mentem venit aſſerentis in
Categoriis: Si circuli quadratura eſt ſcibilis,nondũ
tamen eſt ſcita.Illorum veruntamen aſſeclas quum
veram luminarium formam ſophiſticis abiectis aſ-
ſęqui pertentent, nulla(ſanè) ignorantiæ nota cul-
pandos, ſed laudibus efferendos exiſtimamus tanquam naturæ arcanorum indágatores. Quorũ plerique ſi tantum opus conſequi non potuerunt, ad-
mirandas attamen operationes,& artes (experiẽtia
teſte) adinuenerunt:vt videre licet de vitro Chry-
ſtallum, de coloribus purpurinam,de metallis Au-
ricalcum,& huiuſmodi,vt infrà: ac in voluminibus
tam noſtris, quàm alienis de Mineralibus, Coloribus, Lapidibus, Vitris, Gemmis, & metallis pertra-
ctatum eſt.Illud attamen artis huius arcanum minimè prætereundum fore cẽſuimus:quatenus Archimiæ peritiores dicant facilem ex Argento, & Auro
tranſmu-

transfmutationem fieri poffe:immo monftrare poffunt extracto quopiam luminarium Sulfure : quod
argenti , vel auri Lapidem, Medicinam, Puluerem,
Terram , Vnguentum , Caput corui, Elixir, vel
Quintam effentiam dicunt quod (fane) cognitu di-
gnum eft, & vifu mirabile , quamuis lucrandi facul-
tas(fine fuo Corpore, id eft, abfque reductione ad
primam Materiam artis) nulla emergat operanti,
fed(vix)tanta eft Argenti, & Auri, redundandi potentia , & copia , refultans ex proiectione illius
Quintæ effentiæ, quantum extiterit Argentum &
Aurum primum detextum . Verum enimuerò plerique tranfmutationis huiufmodi admiratione adeò
excitati fuerunt, vt magis facile crediderint per vl-
teriorem Quintæ effentiæ illius fubtiliationem , &
fupperadditam perfectionem , & virtutem confici-
endum effe vigorofum illud Elixir, pro tollenda
tranfmutatione (licet perperam) in infinitum . Sed
hæc miffa faciamus hactenus , quoniam longiorem
videntur expoftulare fermonem, de quibus(profectò) aliàs fauente Domino æterno omnipotenti
pertractabimus.

Tertio infuper modo, verfari poffunt artifices,
quo ad potiffimam Auri purificationem (quæ Vo-
arhadùmia eft, ars, fcilicet, Auri duarum cæmentationum perfectarum) tria peculiariter operantes,
quæ maximum preftant Dominis, & Mercatoribus
emolumentum.

. Primum , fanè, maiorem Auri portionem ex cæ-
mentatione extrahendo.

Secundum magis Aurum depurando

Tertius mo
dus. Purifi-
catio.
Voarchadù
mia quid.
Tria emolú
menta Vo-
archadu-
miæ.
Primum.
Secundum.
Tertium.

B

Tertium denique, paucioribis cæmentationibus, & expensis, Aurum perficiendo, cuius oppositum plerisque accidere solet artificibus, qui magnis lignorum cæmentationibus, & expensis, ac minori Auri depurantia, redudantiáque laborant.

Quart⁹ mo dus. Multi- plicatio.   Postremo verò modo versari possunt artifices quo ad veram multiplicationem, quam multiplicandi Argenti, Auríque, ac cæterorũ metallorum facultatem (cum interioribus Animæ, vel exterioribus metal-

Sophia qd.   lorum) sub auctione Sophiæ(quæ Sapientia, & Voluntas est dominorum)collocandam fore existimamus. Quam etsi vel difficilem, licet possibilem, vel mediocris esse emolumenti, plerique in dies experiantur, nom desunt attamen qui eam facere amplissimam sperent, ac polliceantur.

Hanc autem, vt supra, arcanam purificationis Auri professionem meritò Voarchadúmiam appellandam fore censuimus, Alchimicæ facultati penitus contrariantem. Quandoquidem nulla sit Argenti, vel Auri existentia in Alchimia, in hac autem sunt luminaria in esse perfectissimo . Hancque ab Archimia, & Sophia non ab re seiunximus, quoniam Voarchadumiæ, & auri Sophiæ operatio, verius ac facilius ad effectum deducitur: Archimiæ verò maior est promissio, quàm operis excutio.

Ex iis igitur quisque facile coniiciet, qua de causa opus hoc Voarcadúmicum contra Alchimiam exegimus, ipsumque ab Archimia, & Sophia distinximus. Nosque operis intentionem breuibus iam explicuisse, nemo succensere debet, neque lectione huius operis minimè perterreri, sed secretiora Naturæ

turæ myſteria operis huius adiumento ſuſcepto per
ſcrutari, facilius & efficatius poterit, & ſophiſmata
Alchimiſtarum falſariorumque obtectas tendicu-
las præcauere. Quibus non parum doloris, pariter
& damni, futurum exiſtimamus hoc noſtrum opuſculum in lucem emerſiſſe, cum per illud huiuſmodi deteſtandorum falſariorum fraudes, deceptio-
nes, & velamenta detegatur. A quibus in poſterum
à viris ſanæ mentis ex noſtri huiſmodi operis admo-
nitione, erit abſtinendum.

PORTIO PRIMA.

Quo potiori, & magis conſentaneo vocabulo purificationis Auri facultas appellari debeat.
Caput primum.

Voniam omnis doctrinæ & diſcipli-
næ traditio, iuxta Peripateticorum
ſemitam, à queſtione quid nominis,
priuſquá ab ea quæ quid rei dicitur,
exordium capere debet, veluti præ-
uia ſcibilium diſpoſitione intellectus, qua profeſ-
ſionis illius apex facilius pertingatur, nequaquam,
candidiſſime lector illud à ratione alienum fore exiſtimamus hoc primum oſtendere, quo potiori vel
aptiori vocabulo arcanam purificationis Auri facul
tatem liceat appellare, & an verbum illud Alchimi-
a, an id potius Voarchadúmia ei magis congruere
putandum ſit. Neque profecto vocem illam Voarchadúmia te adeo latere arbitramur, vt & ipſam

nullius esse rei significatiuam putes. Quando quidem hac in nostra tempestate studioforum solertia
in lucem venerit ac publicam noticiam Chaldæa
professio, qua diebus nostris facile patuit, quod an-
tehac plerósque latuit artis, scilicet purificationis Au
ri duarum cæmentationum perfectarum Inquisi-
tores post ipsum, vt aiunt, Tubalchà im primum
ipsius Authorem Chaldæos aut Indos potius exti-
tisse. Quam aliàs Cæleftem disciplinam vocarunt,
Solino, Strabone, Pliniôque testibus, ac Ioanne Pi-
co Mirandulæ comite. Neque ambigere quispiam
debet cur ipsius Authores tam ptæclaræ metallorum professioni ita abstrufum indiderint vocabu-
lum, hoc est Voarchadùmia, que vox equidem est
aptissima, omníque laude dignissima. Non autem
Alchimia, vt infra: ipfa arte existente imperfecta il-
liberali: nulla virtute prædita: neque occultæ sapientiæ participe, sed auara, non necessaria, falcissima, il-
licita, vana, neque aliquo pacto addiscenda, aut per
quirenda. Immo adultera est operatio, mistura &
tinctura sophistica, apparens equidem, sed non exiftens, infamis, execrabilis, explofa, & merito dam-
nata, quam prorfus & nos culpamus, execramur, si
mulquè cun extrauagante Ioannis. xxii. que incipit, Spondent, quas non exhibent diuitias, pauperes
Alchimiftę. Nec non cum diui Impatoris Constan-
tini semper Augusti constitutione incipiente, Quoniam nonnulli monetarii adulterinâ monetam clatt
destinis sceleribus exercent, sub Titulo, Codicis de
falsa moneta. Et qua constitutione tales adulterato
res, capitali supplicio plectuntur. Ac cum parte
Con-

Inquisito-
res voarch-
adumiæ.

Confilii.x. Venetorum contra Alchimicos, cum ad-
ditione incipiente, Tollenda funt de medio, in fecta
mur. Neque ipfam ab Archos, & Mia Græcis parti
culis, vt nonnulli putant, habere deriuationem af-
firmamus, quod fignificat Princeps, vnius feu verius, veri confilii vnitatis. Sed iam ad verbum ipfum
Voarchadúmia deuenientes, dicimus ipfum deri-
uari, ac denominari ab Auro ex duabus rubeis,
quod Chaldæo idiomate componitur ab Voarh,
Auro, particula Indica primitiua, & Mea à adumòt
Hebraicè, ex duabus rubeis, quod Latine fignificat Aurum duarum rubearum, hoc eft duarum
cæmentationum perfectarum. Quæ quidem partes fimul iunctæ conficiunt dictionem hanc Voarch
mea à adumòt, quæ maximam huius artis proprie-
tatem exprimit & efficaciam. Nequaquam verò vo
cabulum illud Alchimia in hac admirabili proffef-
fione confentaneum fore exiftimamus. Sed forte
nobis quifpiam ita obiiciet, Vndecunque verbum
hoc deriuetur Voarchadumia parum refert. Cui
dicimus hoc referre plurimum, immo totum, vt
mox patere vel intuitu poterit. At fi vltro cauillator obftabit inquiens, Et quid tandem? Cum
pateat Voarchaumenam artem fore illiberalem,
auaram, turpelucram, miniméque neceffariam,
impofsibilem, nec perquirendam vt fuperius di-
xifti. At quippe ita cauillofe obiicientem errare plu
rimum cenfemus, noftramque purificationis, Auri
duarum rubearum profefsionem effe Voarchaumenam penitus abnegamus, longéque abinuicè di-
ftare putamus Voarchaumenã & voarchadumiam.

B iij

pars Confi-
lii.x. Vene-
torũ.1488.
17. Decem-
bris cum ad
ditione.

Deriuatio
voarchadu
mię,& quid
nominis.

Obiectio.

Solutio.

Quamobrem summopere fallitur cauillator ob ipsam vocabulorum æquiuocationem. Idque memoria repetentes Poeticum facile recensebimus. Ne nobis impedimento sitis per Deum hospites, quandoquidem supra satis monstratum est laudabilem esse Voarchadúmiam: minimè verò Voarchaumenam. Absitque ab hac arcana professione omnis vocabuloru abusio, veluti plerique indies implicari solent, ac decipi, arbitrantes idem variis significari posse dictionibus. Ac propterea arbitramur hâc mirabilem facultatem vocari posse multifariam iuxta eiusdem diuersos, ac penitus varios effectus, puta Alchimiam, Chymiam, Calcimiam, Calcecumíam, Voarchaumená, & Voarchadúmiã. Quoniam horum omnium nouissimum æquo animo suscipimus & approbamus, idque merito significare artem liberalem, virtute præditam: Naturæ consentaneam, occultæ sapientiæ, non auaram, non vanam, possibilem, verisimam, & necessariam, totisque ingenij viribus adiscendam, & perquirendam. Reliqua verò tanquam prorsus illicitam artem significantia & falsam detestamur, illo præsertim arguméto, quàm æquissimo Illustrissimi consilij Decemuirûm decreto: Constantinique imperatoris semper Augusti constitutione, ac extrauagáti Ioannis. xxij. vt supra prohibetur. Si cuispiam de Alchimia laborauerit, in cô silij Decemuirûm pœnas incurrens coerceatur. Ex dictis igitur patere potest, quo potiori vocabulo arcanam hanc purificationis, Auri duarum cæmentationum perfectarum facultatem, appellare merito quisque debeat.

Voar

Voarchadúmia quid rei, & cui competat

Caput secundum.

E X supradictis ergo iam patere arbi- Prima diffi
tramur, lector peritissime, quid pri- nitio Voar-
mum ipsa sit, quandoquidem Voar- chadúmiæ
chadumia est ars liberalis, virtute præ & quid rei.
dita sapientiæ occultæ, non auara, nó
vana, possibilis verissima, necessaria, & consequen-
ter perquirenda, quæ metallorum Cábala nuncu-
patur: Vaticiniúmque, ac Nota. Idcirco nón gene
raliter omnibus conuenire dicitur: sed specialiter Cui compe
tantum vnctis, Rerúmque dominis, ac sapientibus, tat voarcha
& viris dignis, liberalibus, morigeratísque, ratione dúmia.
libertatis.

S Ecundo ea est tanquam regimen Secúda dif-
quoddam cælatū & secretum, quod finitio voar
per manus tātùm traditur filiis sapié chadúmiæ,
tum sub luce (licet vulgò tenebris & quid rei.
obuolutum) dispositionem, illumi-
nationem, conuertionem, constrictionem, retentio
nem, metallificationem, purificationem, multiplicationem, & proportionem, demonstrans naturalium ligaminum absconsi & abscondentis, animæ &
corporis, densi, & rari, diuini & humani, formæ &
materiæ, fixi & volatilis, interioris & exterioris, metalli & petræ, mollis & duri, occulti & manifesti, pu
ri & misti, artificio quodam mediante à domino æ-
terno omnipotenti instituto, sub Igne, Aere, Aqua,

& Terra, vel magno arcano harum quatuor literarum, Lamed, Kuph, Gadic, & Samech, quæ in
Voarchadúmia idem significant quod Zain, Nuu,
Mem, & Iod, quarum caracteres in quadruplici
differentia apud Hebreos habentur. Nouissimi autem,& Vsuales sunt ii(de quibus paulò infra Sche-
mata patebunt) qui in Voarchadúmia idem significant, quod Aurum creatum ex Natura elementari, id est in visceribus terræ, purificatúmque ob
artificium Diuisionis, & Cæmentationis, ac Hebraicè sic denominatum, Zahav niurá mi Téuah-
iesodii.

Schema literarum ad Voarchadúmiam pertinentium.

Quarti cara-
cteres litera-
rum Voar-
chadumica-
rum.

א ‧ Aleph ‧ A ‧ e ‧ i-
‧ o ‧ u ‧

ב ‧ Beth ‧ B ‧

ג ‧ Gimel ‧ G ‧

ד ‧ Daleth ‧ D ‧

ה ‧ He ‧ H ‧

ו ‧ Vau ‧ V ‧

ז ‧ Zain ‧ Z ‧

ח ‧ Cheth ‧ Ch ‧

ט ‧ Tcth ‧ T ‧

י ‧ Iod ‧ I ‧

כ ך ‧ Caph ‧ C ‧ & ch ‧

ל ‧ Lamed ‧ L ‧

מ ‧ Mem ‧ M ‧

ם נ ‧ Nun ‧ N ‧

ס ‧ Samech ‧ S ‧

עפֿףצ זקרשתּ

Hebrew	Name		
ע	Ahin	Ah	
פ	Pe	P	
ף	Fhe	Ph	
צ	Cadic	C	
ק	Kuph	K	& c
ר	Ref	R	
ש	Sin	S	fch, &ff
ת	Tau	T	& th

							e.i—	o.u—
T	Ch	Z	V	H	D	G	B	A

א ב ג ד ה ו ז ח ט
י כ ל מ נ ס צ פ ע

Tertij characteres literarum vt supra.

| C | P & ph. | Ah | S | N | M | L | C & ch. | I |

קרשת

K	.	&c	.
R	.	s	.
S	.	ſch,& ſſ.	
T	.	& th	.

Conceſsi enim fuere ſupradicti caractéres Moiſi
in monte
Synai à Domino æterno omnipotenti.

Secundi

Secundi vero in transitu fluuij subscri-
pti : Abrææ concessi.

								e.i.	o.u.
T	Ch	Z	V	H	D	G	B	A	

Secundi caracteres literarum vt supra.

| C | P | Ah.&ph. | S | N | M | L | C.&ch. | I |

Ɛ ♥ ϑ Δ

K	. & c
R	. sch, & ss.
S	
T	. & th

Antiquiores autem hi:& concessi Enoch.

th ph ch Z Y X V T

Δ ᘯ ᗞ S Ɣ Ϙ ℥ ⅂

S R Q P O N M L K

· · · · · · · ·

Primi cara-
cteres litera-
rum vt su-
pra.

· · · · · · · ·

I H G F E D C B A

Ertio ea est ars venæ Auri subministrans substantiã, virtutem metallicam extracti-uam in se continentem. Exponénsque quomodo eius Forma intrinseca fixa, non deficiens, nec vrens, naturali-térque tincta crocea, & (ne pateat) impedita à quodam misto elementari impertinente metallo Auri, quæ educit ad perfectio-nem (artificio mediante) ex manifesta Materia ex-trinseca volatili, vstibili, deficiente, adhærente ipsi Auro vniuersaliter vnita.

Tertia dif-finitio Vo-archadu-mie, & quid rei.

Proprieta-tes formæ Auri.

Quarta diffinito Voarchadúmiæ, & quid rei.

Quid efficiat Voarchadúmia.

Oſtremo ea eſt naturalis ſubſtantia onerofa, corporalis, fixa, fufilis, ductilis, tinctaque & rarificata occulta Arg. viui & Sulfuris metallici inuſtibilis, quodam regimine Cæmenti, & vnitate quadam Auri, in corpus denſum ipſius Auri manifeſtum redacta. Quæ miſtum relaxat (virtute ignis, & cæmenti) ſua vniformi potentia. Et ipſum Aurum (diuiſum ad terminatam purificationem) in Adumót a á, quod eſt Bethadumót, quæ funt rubeæ duæ, ſcilicet, duæ cæmentationes perfectæ, ad molliciem, fulgorémque bonitatis, vt dicitur xxiiij. ſe deducit.

Quibus innitatur Alchimia.

Hoc autem non efficit ars illa Alchimica infamis Aquis aceti, nec vt dicitur Arg. viui, nitri, vini, aut vrinæ, & aliis quibuſcunque Menſtruis fimilium feculentorum, cum aquarum fortium ſpiritibus, & multiplici calcium, ac metallorum Fumo, Antimoniorúque, Arſenicorum, Calcantium, Crocorum, Ferreti Hiſpani, Floris æris, Gummarú, Litargiriorú, Marcaſitarú, Magnetum, Metallinarú, Talcorú, ac Zelaminarum, Mecnon oleis latericiis, lini, nitri, ſublimati, ſulfuriſque, cinnabaris, craneis, necnon cum Terris tinctis, ac realgallibus, Cælidonis, Lunariis, Argentinis, ſucciſue Garioffilatæ, herbarúmque aliarum, ac tutiis, diriſque venenis, in neſcio quibus etiam frangibilibus Vaſis vitreis fantaſticis, ad hoc falfiſſimis inſtrumentis, Regimine

Franci. Petrar. dia.iiij.

quodam vario, incerto, atque cófuſo, materiis variis proiectis ſuper Argentum purum, vt dicitur fixum metallaq; aduſtibilia, & obſcura ſophiſticando, ac cuiuſque metalli materiam maiori imperfeꞔione volatili nigri, & aduſtibili onerando : fruſtra, atque inani prorſus reduꞔione circa ea laborant.

Cur igitur Voarchadúmia ſit ars liberalis virtute prædiꞔa, ſapientiæ occultæ, non auara, non vana, neceſſaria, poſsibilis, veriſsima, & ſcita, ac ſummo ſtudio addiſcenda & perquiréda: patet iam ex prædiꞔis omnibus ratio, & diffinitio.

Quomodo fiat ipſa Voarchadúmia.
Caput Tertium.

Aminarum Auri proportionati (vt infra) & Salis tritiana: menſura vna capiatur. Argillæ deuſtæ, pinſitæque tenuiter duæ.

Confeꞔio Voarchadumiæ.

Cribro taminentur Sal, ſcilicet & Argilla. Miſtiſque ad ſtratum ſuper ſtratum, in Ollis non vitreatis, ac Furno reuerberationis, cæmententur.

Notandum eſt autem, quòd omnis cæmentatio (id eſt Rubea, Hevraice Adumá) requirit pro ſingulis vicibus horas xxiiij. ignis. Nempe nouem in augmentatione, nouem in fixatione, & ſex demum in alteratione.

Notádam.

Rurſus omnis Cæmétatio incipere debet à proportione diuiſa Charattorú vigintitrium & Granorum trium cum duobus Quartis grani Auri fului. Ac pro qualibet vce detrahit ipſa Cæmentatio ab

Notádum.

C

illa proportionata diuiſione tantum medium Grani ipſius proportionis, nec vltra. Nec ab Auro vllatenus illum detrahere dici poteſt (quicquid dicant cæteri) cum & Aurum ipſum inanihilabile omni ſuperfluitate carens perfectiſsimum omnino, ac terminatiſsimum ſit omnium aliorum metallorum aduſtibilium: & ſubſtantia iubilans, ac ſubſiſtens in igne: quæ nec à Cæmento corrumpitur, nec à requalibet comburente comburitur, nec ab aqua colorificante, viridi, aut diuidente mortificatur: vel de

Quæſtio. uoratur. Quid enim in Auro fuluo ſuperfluum eſt, vel diminutum? Certè nihil. Quod ſi ineſſet (quod

Solutio. protinus negatur) diminutio ſubſtantiæ, vel ſeperfluitas (vt eſt in ferro, & cæteris aliis aduſtibilibus metallis: quorum naturales mixtiones maximam retinent aduſtibilem ſupefluitatem) maximum ſequeretur inconueniens omni velamine denudandum: quod ſcilicet per vices totū detrahi, & anihilari poſſet: quod eſt abſurdum dicere, & in facto veraciter falſum. Quia Aurum fuluum euaneſcere nó debet, pro vt non poteſt: quemadmodum cæteris aliis aduſtibilibus accidit metallis: immò hoc phantaſma abſit à mente philoſophantium: quòd Aurum fuluum aliquo pacto poſsit anihilari.

Notādum. Item ſciendum, quòd omnis cæmentatio vehementer grauitate facit ipſum Aurum, reſpectu illius Salis ingredientis perfuſionem ignis, quod calidum eſt: & ſiccum (vt notum eſt) per poros apertos Auri ob caliditatem, & ſiccitatem ipſius ignis: & nunquam tollitur ab eo per contrarium, id eſt, per humiditatem, & frigiditatem ſuæ elementaris aquæ

non

non aperientis poros iam à Sale inebriatos:per a-
blutionem,& bullitionem ipsius aquæ, quæ (licet
superflue)tamen conceditur.

Aduertendum est igitur,quòd nõ recipiatur tale Notãdum.
Aurum pro sufficienti respondente : nisi prius post
Cæmentationem ipsam(de qua statim hîc talis est
fornax) habita fuerit idonea cautio de optima fu-
sione:vt Sal cum scobibus lopæ in ipsa fusione penitus supernatantibus remoueatur ab Auro.

PORTIO
PVRIFICO AVRVM.

Miſtio in radicibus vnitatis ſeptuageſimi ſecundi
Voarchadúmicorum elementorum.

Caput quartum.

O . 14 . Lux minor: Inſertio reſpondentiæ
Charattorum. xij. g. q;. 1, in circa: ſeu. xxiij. g. q;.
1. &. ½. in circa.

S . 18 . Ignis.i.Lux maior.

I . 9 . Cómerriſón.

R . 17 . Aer.i.Lux minor.

O'. 14 . Lux maior.

72 .

N . 13 . Oleum vitri.

G . 7 . Lux minor:Inſertio reſpódétiæ Cha
rattorum.xiij.g.q;.2.&.½.ſeu. xxiij.g.q;.2. in circa.

A . 1 . Materia prima artis.

T . 19 . Ignis.i.Lux maior.

S . 18 . Aer.i.Lux minor.

O . 14 . Lux maior.

.B .

72 .

C iij

Materia prima artis, ad Voarchadúmiam requisita
quid sit:quo nomine vocetur,quid
agat,& quomodo flat.

Caput quintum.

Materia pri-
ma Voar-
chadúmiæ
quid.

EST autem materia prima artis pro
conficienda Voarchadúmia corpus
albissimum, densum, satísque fusile,
ad naturam maximè subtilitatis artificio solutionis aquæ, ac aggregatio-
nis ignis reducum. Eiúsque essentia tantùm cóstat
ex tribus candidissimis salibus,animali scilicet mine-
rali, & vegetali , abstracta à particularibus materiis
solidioribus, hoc est igneis, aëreis, aqueis , & terris
existentibus in quatuor elementis naturalibus ele-
mentatorum, quæ reperiuntur in sublunaribus mi-
stis:Arg.viuo,& metallo quocunque excepto.

Cognomé.
Et quanquam à diuersis diuersimodè (vt Eleá-
zar in primaria, germanáque lingua, quæ vna,per-
fectáque , ac præsentanea perhibetur metallorum
medicina, adiutorium Dei, seu verius congregatio
Dei suscitata) idé de nominetur, testantibus nobis-
cum sapientiæ occultæ Patribus:à Chaldaicis tamé,
Arabicísque, Arabice, Alícali, siue Caló pali nuncu-
patur. Verbum ab ali(quod est summum)& calop
(quod bonum significat,quasi summú bonum La-
tinè dicitur)compositum.

Actio.
Disponit hæc materia prima artis natúrliter,con-
uertit, cóstringit,ligat, ac proportionat omnem calcem,venámve,corpúsque metallicum,siue spiritum

volati-

volatilem . Tali autem modo ſubminiſtratur, con-
ficitúrque.

Extracta enim virtute formatiua, côſtrictiua, con **Confectio.**
tinuatiua, vnctuoſa, ſeu viſcoſa, ex gutta librarum
quingentarum & quatuor ignis albi viui, recentíſq;,
cum libris ſeptuagintaduabus aquæ cæleſtis: in eá-
que ſolutis libris decem & octo ſalis calópali, facti
ex libris centum & quinquaginta ſalis vegetalis, &
centum mineralis, ſimul cum libris duodecim vegetalis, ac libris ſex animalis purificati ob euaporationem ignis ſufficientis, in olla terrea ſolida, huiuſmodi ſalia ad inſtar olei liquefacti, conuertantur.

Deinde igne continuæ reuerberationis in fornace hoc cógregratum per noctem, & diem, in opti-
mo Cacabo ex terra valentina transferatur nitidum
oleum in vas ferreum, ſeruando (corpus, hoc eſt a- **Arnal.inno**
quam permanentem, Baurach, Boracem, Ceram, **uo lumine**
Coagulum, Chómer riſſór me a a melachot, Gem- **ca. 8. Cinis**
mam, Hyle, Lopam, Materiam primam artis, Pin- **vero.**
guedinem, Sal alícalí, alícalí, amarum, nigrum, elebrot, Terram potétialem, Tincar, Vitrum Pharao-
nis, ſeu inanihilabile: & cætera) Oleum vitri.

Noſtris igitur auſpiciis tantùm intelligentiam au- **Synony-**
res pateant. **mum.**

PORTIO

Purificatio spiritus Voarchadúmici: Extractio ani-
mæ elementaris Voarchadúmicæ:Multiplica-
tio mistura animæ, corporis, & spiritus
Voarchadúmicorum proiectio,
Reductióque Argenti
& Auri.

Caput sextum.

Electio Are
næ albæ: &
Arg. viui.

Lectis enim Arenæ albæ niti-
dæ partibus tribus ad mensú-
ram : & parte vna Argen. viui (quòd aliter vocatur Aqua
sicca,& cætera)vt infra:✠ Notabis ergo,& cætera.

Primúmque simul per lapi-
deum Aludel ad ignem con-
tinuæ subtiliationis traductis in lapideo Carahà,ser-
uetur sic Arg. viuum:prius tamen ab omni fœtore
& aquosa humiditate, ac nigredine adustiua per septem vices sic mundatum per ignem,vt patet infra:
A. Notabis ergo quòd dicimus sine ipsius mundatione, & cætera.

Mundatio
superfluita-
tis Arg. vi-
ui.

Electio o-
lei vitri:Ele
métorúm-
que.

Sumpta deinde proportione illa vnitismet pön-
deris olei vitri,& materiæ primæ artis vt supra: B. fa-
ctæ ex sale triplici. Partibus item septem lucis minoris,quatuordecim lucis maioris, decem & octo Aëris, ac ignis partibus decem & nouem,seu vt dicetur
infra. Primùm ergo principium naturale, C.&c.

Mūdatio e-
lemétorū su
perfluitarū
cū materia
prima artis.

Paratísque omnibus his cum Gemma(Arg. viuo
excepto) simul virtus roboratiua fixa in elementis
huiusmodi

huiufmodi exiftens, per ignem continuæ fufionis
duarum horarum : quæ in fundo crucibili remanebit candida & citrina lucidi fpeculi adinftar fplen-
dens: remotis fcobibus pariter feruetur, quam hîc
appellamus animam dictorum elemétorum fixam
naturalem extractam.

Cuius pars vna tantum fumatur cum partibus vi- **Miftio ele-**
gintiquatuor Arg. viui mundati, vt præmiffum eft. **métaris ani**
Et per triturationem in Porfido confimili. **mę cú Arg-**
viuo.

PORTIO
CONTERO TOTVM.

Anima ipsa commixta cum dicto arg.viuo, in Sacculo lineo,per refricationem in aqua calida, nigredinem omnem & fœtorem retinente in Catino ligneo seruetur,si quid fortè reliquum esset nigredinis adhuc & fœtoris.Repetendo hunc ordinem toties,quousq; anima hæc pernitida prorsus,per vices deueniat(interuétu arg.viui,calidæq; aquæ iam dictæ)ad maiorem serenitaté quàm erat primo, & ad aquam albificantem ipsius domini regis metalloru.

Notandum est autem,quòd deficiente huiusmo- *Notádum.* di animæ pura mundicia ab illa mixtione aquæ viuæ fumi albi, quæ postmodum simul per triturationem cum proportione suæ materiæ primæ artis componitur(vt infra) & commiscetur post nigrificationem,dealbationem,citrinationem,& rubificationem ipsius animæ,& Arg.viui ipsum rubicundissimum,Stagnum non dequoquitur cum Sale elebrot iam dicto in lapideo aludel cum requisitis suis elementaribus naturis rubificatis,ad vltimam vsque fixationem ipsaru(vt supra)naturarum elementoru rubificatorum,nec in primam materiam artis attrahitur illa naturalis essentia, & substantia fixa intima animæ radicalis quæsita, ab ipsa forma dictoru elemétorum commixtorum,immò ipsa penitus oneratur imperfectione. Nec alio quouis ingenio, vel arte fieri potest(quanquam aliter narrent Alchimistæ)quàm solo hoc artificio,aut natura ipsa naturarum fieri queat in visceribus terræ,nec mundari,aut teneri.Hæc verò si careat nigredine,albedine,citrinitate,& rubedine,aut euanescat cum arg.viuo,argentu purum, & auru fuluu haud augebitur vnquá.

Quod

Quod teſtatur & Morienus cum omnibus ſimul in
Voarchadúmia patribus, vt infra, D. Primus ergo
modus eſt ſublimatio per totum: Attendatur ideo
ne careat, neu deficiat, & cætera.

Miſtio ſpi-
ritualis ani-
mæ cum
Oleo vitri.

Ex hac deinde anima commiſta, nigrificata, dealbata, citrinizata, rubificatáq; ſumatur pars vna. De
Oleo autem vitri tres partes ſumantur.

Fixatio ani-
mæ cum ſpi
ritu in cor-
pore Olei
vitri.

Et ex aquis huiuſmodi mollibus, & duris, ſtabi-
lientibus, aptíſque luſtrari, quæ ſunt anima, corpus,
& ſpiritus, hoc eſt Sudor ſolis cum corpore, & pu-
ro radicali ipſius animæ maioris lucis, & minoris
elementorum rubificatorum, per triturationé, corruptionem, generationem, augmentationem, fixationem: Alteratióné cum loci mutatione ſimul iun-

Synonyma

ctis fiat per Nutum, & igné gradus tricrucis nouus
Adám: vel Sulfur rubeum nó deficiens, nec vrens.

Reiteratio
ſeptuplex.

Necnon per ſeptuplicem reiterationem: ſemper cú
parte vna animæ rubificatæ, treſq; partes terræ mor
tuæ prædictæ reſtantis, quod eſt corpus nuncupatum Subſolanus, Oliua perpetua: & (vt infra: E. Viſa autem electione, mundatione, miſtione, & cætera, in notando illo: Item notabis quòd iſtud corpus
habet multa nomina circa finem) Subſtantia rubea
indeficiens, & vrens. Huius, tres partes, ſuper vnam
Auri, & argenti ana, & vna tantum ipſius Auri, &

Proiectio
me Aduma
ſuper Aurű
& Arg. &
iſtorum: ſu-
per indeter
minatum

argenti, ſuper. C. partes, ſuper. D. partes (& vt infra,
M. In medicinæ autem, & cætera) vel ſuper illú in-
determinatum numerum, tam Arg. viui, quàm Metalli, reducta per proiectionem, dabit argentum purum cum Auro fuluo permiſtum. Quod quidem
poſtea ſmeratum, ſeu cupellatú: ac deinde inquar-
tatum,

tatum, diuidatur per aquam diuifionis. Et argentum
demum etiam ab aqua per diftillationem diuifum,
per fufionem côfletur. Atque Aurum diuifum eft,
etiam ipfum per fufionem, cum Chryfocolla reducatur. Hæc hactenus.

numerum tam Infipi-di, quàm Metalli.

Arcana (faciêtia ad Voarchadúmiam, Aurifabri-
lem, Cudimíam, officinam nummariâ, & metallorum Cabala) de Ponderibus, cû fuis Schematibus.

Reductio Argenti, & Auri.

Caput feptimum.

Icet Pondus affinationis, Aurifabrilis,
Cudimíæ, officinæ nummariæ, & metollorum Cabala, diuidi pofsit (imagi-
nariè) in infinitum, ea tamen diuifione
relicta (cû fit valde onerofa, & ipfum Pondus onus
graue) vifibiliter, & iuxta communê vfum, fequen-
tes Sophorum archicanoporum partitionê, in nouê
difcretis nominibus fectiones diuidimus, quæ funt.

Cudimíæ fynonyma.

Pofta, Rubus, Marcus, Marca (aliter Bes) Vncia,
Quartus (aliter Nummus aureus antiquus) Cha-
rattus (aliter Siliqua) Granum, & eximus.

Pondera cudimíæ.

Pofta eft quantitas hac noftra ætate
& more Veneto, Marcarum. 40. ad cha
rattos. 1152. fingula Marca, tali interfi-
gno notata.

PO

Rubus itê. 20. Marcarum, hoc figno
exprimitur ad Fiónos autem. 68. & .cp.
1. Fióni pro qualibet Marca in Auro. cu
ius Truncafilæ quadræ inftrumentum
hic patet.

RV

PORTIO
ASPERA PLANO.

ad Charattos fexdecim, Granæ tria, Quartos duos, &fex nonagefimos primos eximos eximi quarti grani fingulo fióno:hoc eft ad fiónos mille trecentos & fexagintaquinq;, per fingulas viginti Marcas, vt dictum eft:Quorum Ceforij ecce figura.

Pódusfioni Auri.

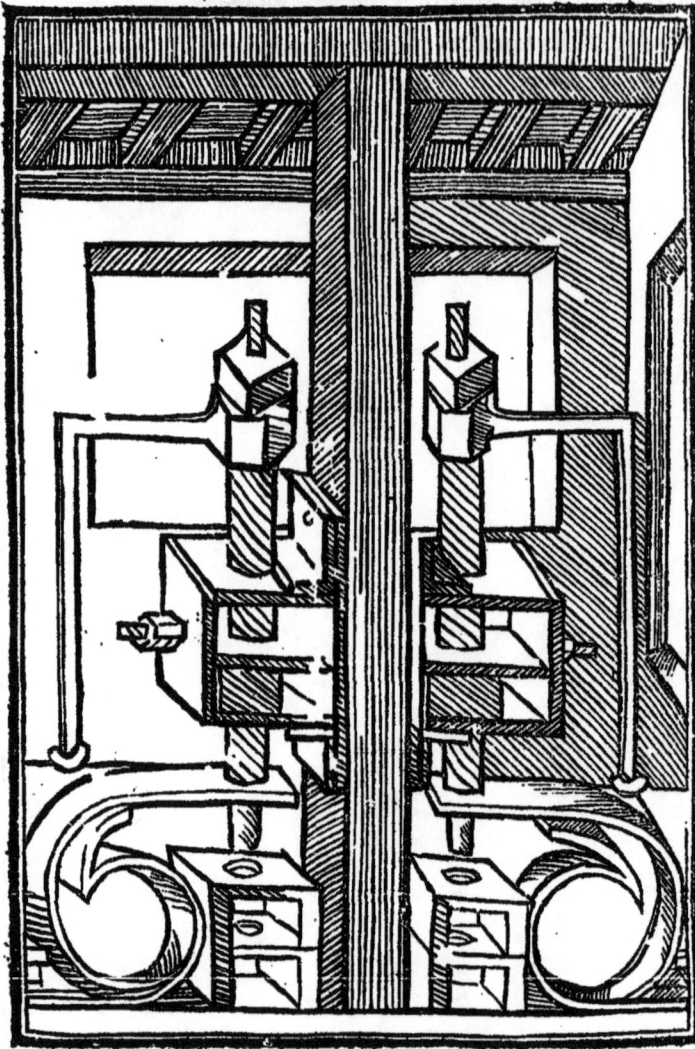

Marcus verò Marcarum. 16. hac fignatur figura.

Marca item vnciarum. 8. hoc infcribitur cara-
cteré.

Vncia quoque Quartorum. 4. ad tale deducitur
contra fignum.

Quartus etiam Charattorum. 36. tali oftendirur
nota.

Charattüs infuper Granorum. 4. hac indicatur
imagine.

Granum verò Eximiorum. 256. & ipfum fub hoc
reducitur fchemate.

Eximo poftremo hic caracter impenditur.

PORTIO

Non eſt tamen ignorádum Granũ iterum ipſum diuidi in partes octo viſibiles Eximorum. ſ.

Ducenteſimum quinquageſimum ſextũ eximum, Grani.

$$\frac{i}{23\,9}$$

Centeſimum vigeſimum octauum eximum, Grani.

$$\frac{i}{128}$$

Sexageſimumquartum eximum, Grani.

$$\frac{i}{64}$$

Trigeſimumſecundum eximum, Grani.

$$\frac{i}{32}$$

Sextumdecimum eximum, Grani.

$$\frac{i}{16}$$

Octauum eximum, Grani.

$$\frac{i}{8}$$

Quartum eximum, Grani. ac

$$\boxed{\dfrac{i}{4}}$$

Semigranum.

$$\boxed{\dfrac{i}{2}}$$

Quoniam autem Aurum fuluum, feu (vt aiunt) finum, non mediocriter importat de Eximo in Eximum, tam refpectu quantitatis, quàm perfectionis. Ideò vti de re non parum conducente, intelligentiæ oculos aperiant reliqui.

Conftructio præcifi ponderis æquilancis.

Caput octauum.

Equilancem, vel Bilancem è **Æquilancis** duobus lateribus, immo ab **dimenfio.** laterum æqualitate dictam, ex quadro perfecto, & femi conftare dicimus. Fufti eius longitudo tantum metitur, quanta eft diméfio vnius lateris quadri eiufdem. Medii autem, extremorumqúe crafsitudo, fefquialteram habet proportionem, trium, fcilicet, ad duo. Hafta verò lancis, feu inuifibilis, à bafe fuper axem, in medio æqualiter diſtans ab extremis, in cacumen ſurſum erecta, pyramidis inſtar: a tribus in vnum deſinens minutum, ad ſemiquadri quantitatem (nempe terdena & tria minuta) protéditur. Iuga quoque lancen vtrinque in axe complectens tantundem latitudinis, quantum inuiſibilis ipſa continet, & Bracha in inferiori parte Iugæ ſita, octauũ longitudinis ipſius lancis ſit. Fila rurſum ab extremis fulti ad Conchas pendentia, cum ipſis vnà dimenſionis ſunt eiuſdem, cuius latus eſt quadri. Conchæ demum, nonam lateris eiuſdemmet quadri continet partem, vti in ſchemate hoc videre eſt.

RES PONDERO.

Defcriptio variarum particularium operationum,
pro ampliori artis huius elucidatione.

Caput nonum.

Aes arfum cum Fornacis eius imagine.

.G.

Vpri pars vna, Aluminis duæ
feu Tartari, & Arfenici tres
partes recipiantur. Duo extrema fimul iuncta Ferreo
piftillo in Mortario æneo in
puluerem redacta, aquáque
deinde afperfa cum Venere
in bracteas deducta, fepultá-
que in Olla locentur. Quod fuo cum coopertorio
in vertice ad crafsitudinem fubtilis calami perfora-
to, vulgari ac fimplici Argilla optime poft obture-
tur. Et per horam miftura decoquatur in igne, feu
Fornacula fublimationis. Deinde ea extracta & frigefacta, pofitáque rurfus in Fuforio terreo miftura, cuius cum Fornace hic ftatim expreffa eft ima-
go, inter prunas confletur. Ex qua fcobes Ferrea
virga, donec elucefcat, depurgentur. Denique in
inftrumento ferreo, Canale, feu Rielum dicto, a
Fuforio deponatur, ferueturque frigefacta.

FVNDO METALLA.

D iiij

Aes vſtum.

Quæ facienda prædiximus de arſo, eadem de ha-
bendo Aere vſto miſtionem ipſius tradentes facien
da cenſemus hac ſerie.

Aeris pars vna, Calcantis Romani duæ (ſeu Salis)
& Sulfuris tres partes ſumantur. Reliqua omnia vt
in præmiſsis, G, ſeruentur.

Anielum album, & nigrum.

Sumatur de Argento cupellato:　　　　　pars. 1.
Aeris,　　　　　　　　　　　　　　partes. 2.
Plumbi nigri mollis,　partes. 3. ad pondus æquale.
Et ſimul fuſa omnia, ac bene miſta proiiciátur in a-
na (hoc eſt tantundem) Sulfuris tuſi in Crucibulo
bene operiendo. Frigefactum tandem hoc totum,
& à ſcobibus per fuſionem apprime mundifica-
tum, ſeruetur in virgulis.

Noté dum.　　Idem eſt iudicium in conficiendo Anielo albo,
duobus tantùm exceptis. Vno ſcilicet quod Stan-
num loco Plumbi nigri, Altero autê quod Arſenicû
loco Sulfuris, capiatur bene contuſum.

Aqua ad diuidendum Arg. ab Auro.

Capiatur de Nitro refecto, & Alumine ana.

Aequaliter iuncta, & in Mortario puluerizata ſimul par Tortam bene circumlinitá fundo nudo, &
Recipientem ſigillatum, diſtillentur per ignê ad totam

tam exhalationem ſpirituum, cum reſeruatione ſpiraculi in ſigillo ad opportunam occaſionem.

Diſcalcinetur hæc aqua diuiſionis per ignem etiá cum Charattis ſex Argenti puri pro vnaquaque libra aquæ prædictæ, & ſeruetur ad vſum.

Notandum eſt autem, quòd ana ſpiritus Aluminis vſti, ſeu Calcantis, ac Nitri refecti, videlicet libra vna de quolibet ſuper vnciam vnam cuiuſcunque metalli in tenuiſsimis bracteis deducti, ter reiterando, metallum conuertit in tranſparens oleum. **Notandum .H.**

Argenti, & Auri calcum.

Aeris partes tres cum tribus quartis ſumantur ad pondus. Et pars vna cum vno quarto Zelaminæ in valle Siriana repertæ in vico nomine Oneda. Vocatur hæc Zelamina aliter Tuthia alba, & eſt minera Bergomenſis. Sternantur ſtratim in Crucibulo, & per ignem continuæ fuſionis duodecim horarum fundentur cum Vitro, ac ſeruentur ad vſum, proiectæ primo in laminas à ſcobibus peroptime muudificatæ.

Eadem traditur diſpoſitio ſubminiſtrando Argenti calcum, hac tamen lege ſcilicet, quòd pars dimidia cum vno octauo Stanni, ſeu Aeris arſi, ſumatur loco Zelaminæ contra tres partes, & tres quartos (vt ſupra dictum eſt) Aeris. **Notandum .F.**

Argentum maceratum.

Sumatur Arg. in tenues bracteas tuſum, & in Olla

non

non vitreata cum vna Sulfuris tuſi in Fornace arde-
at per dies . 18 . per ternos ſuperaddendo de nouo
Sulfure . deinde cum partibus.6.Argenti. viui , ali-
quantuium ſimul calefaᴄti , maceretur diutina tritu
ratione in Porfido . Abluatur aqua & bene diſicca-
tũ ſeruetur in nitidiſſimo Vaſe vitreo , ſeu vitreato.

Aurum maceratum.

Braᴄteæ Auri fului ad tenuitatem duᴄtæ fortiter
ignitæ cum partibus ſex Argenti . viui , macerentur
vnã . Lota demum macera cum aqua , & bene de-
ſiccata ſeruetur ad vſum , ſicut diᴄtum eſt ſupra
de Argento.

Bullimentum pro Argento.

Sumantur de Aqua cæleſti . lib . 10 . de Tartaro
albo tuſo . lib . 1 . cum tribus vnciis.

Et opera ipſa argentea nigrificata ad ignem , in
Vaſe æneo poſita , omnia ſimul bulliant , quoad
niuis inſtar albeſcant. Tunc extraᴄta bruſtientur ad
aquam frigidam , limpidámque . Tandem Tripolo
eburnita ſeruentur.

Bulimentum pro Auro.

De Lotio hominis.lib.10. ſumantur.
Sulfuris unciarum quinque,
Tartari.10.

Miſce

Misceantur omnia tusa in Vase æneo . Et in hoc
opera aurea, igne primum calefacta, imposita bulliant , donec crocea reddantur vt Auripigmentum
Reliqua ad præmissum ordinem de Argento omnia rite seruentur.

Notandum est autem , quod pars vna Floris æris Notandum
cum ana Calcantis romani, & partibus duabus Nitri cum ana Salis armoniaci bullita omnia simul cũ
dicto Lotio vt dictum est, coloren Auri viuacissimũ
dant Auro, vltra Charattos. 18.

Idem est iudicium redactis in bitumen prædictis Notandum
simplicibus, cum acerrimo Aceto, Flore æris, scilicet , Calcante romano , Nitro , & Sale armoniaco,
per modum recoctionis.

Calx Argenti

Procedatur vt dictum est supra. F . Sumatur Arg.
in tenues bracteas tusum: & cætera.

Calx Ferri, & omniũ aliorum metallorũ durorum.

Bracteis , seu laminis cuiuscunque metalli duri in
fornacula cæmentationis per dies. 22. ardentibus, cũ
duabus partibus Calcantis romani, & tribus Sulfuris triti vel sine alia mistura fit Calx metallica im-
palpabilis.

Cerussa, Minium & Zalolinum.

Laminæ Plumbi nigri mollis in terreo vase in ter-
ma,

ma fundo ad quatuor tantùm digitos vitreato cum
multo acerrimo Aceto, ita suspendátur ut continuè
perduos & viginti dies Aceti vapore tangátur. Quo
corrupta tandem Plumbi nigri essentia, & in puluerem album redacta, Cerussa nuncupatur. Hæc
autem Cerussa, siue residentía Plumbi nigri, vt supra, vsti, tenuissime, cum aqua, triti, positáque in
Capellis terreis sparsis, ac longis ad cubitum, non
lutatis quidem, veruntamen opertis in Furno, ita
locatis, vt ignis tantummodo fundum eorum ascen
dens percutiat, sed non per reuerberationem, vra-
tur per horas. 48 · Interim autem sæpius Ferreo
instrumento agitata residentia quoadusque in rube
um transmutetur colorem, tunc pariter mutatio no
mine non Cerussa, sed Minium appellatur. Hoc
rursus trituratum, cum albo Aceto, & ad vmbram
desiccatum, in citrinum vertitur colorem, quod est
Zololinum.

Cinnabaris constructio.

Argenti viui pars.1.
Sulfuris, igne lento carbonum liquefacti, pars
vna & semis.
Misceantur in Vase æneo patulo Ferreo instrumento haud quaquan ligneo. Durata autem frigo-
re hæc mistura, & pinsita, reponatur in Vas uitreum
idoneum oprime lutarum, locatúmque in Furno
sublimationis, fundo detecto, ac loco aeri peruio
per horas.14. remisso igni, mundando oleositatem
Ferro quoad transierit per collum Vasis. Deinde
per

per tantundem temporis igne intenſo Vaſe laminis
ferreis operto fixetur. Vbi tádem vas refrigeratum
fuerit, rumpatur, ſeruato Cinnabari.

Conſolidatiuum Cinericii.

Argilla deuſta , & tenuiter tuſa pars vna capiatur
ad menſuram. Cineres lixiuo demiſſi, & mortifica
ti , deſiccatíque partes duæ. Deinde ſimul ambo
cribrata, pariter ſeruentur,

Cupella, & Fornax eiuſdem.

Sumatur pulueris Argillæ crudæ pars vna ad men
ſuram.
Spodii oſsium, ſiue cornuũ caſtraſti deuſtorũ ſub-
tiliter tuſorum partes quatuor cum dimidia.
Diligenter cribrata ſeruentur, & cum aqua hume
ctata in Verra metallica totum pariter excuſum im
promptentur.
Notandum eſt autẽ, quòd qui format Cupellam **Notãdum.**
ex Spodio ſolo non bene ſentit omnino pro merca
tore circa argentum & aurum extrahendum . Ad-
uertant igitur pro maiori , tutioríque redundatione
metalli,& ad minorem eius defeCtumÚ arcanum hoc
Affinatores metallorum, Aurifices , & Cudimiæ
mercatores. Ad quorum noticiam ſimul hic tradi-
mus Fòrnacem cupellationis.

EVNDO SVBTILIATA.

Flos æris.

Corporentur in lib.640. Terræ viridis folutæ in lib.240. Aceti acerrimi, cú lib.26. vnciísq;. 8. Armo niaci, lib.160. Aeris foluti in lib.320. Aquę diuifiõis.

Omnia autem probè mifta, pofitaque in Ollis grofsis fparfis non vitreatis fuperaddendo ftringantur. Deinde in facculis de corio optimè denfis feruentur.

Metallina.

De infrafcriptorum fimplicium pulueribus, videlicet Realgalli, vel Auripigmenti, fiue Arfenici, Calcis albæ viuæ recentis, Tartari albi ana ad pondus fumatur. Albuminis autem oui gallinę pars media plus, cum quo pulueres ipfi per fetatium optimè coopertum prius fimul commifti incorporentur. Bitumen autem huiufmodi deinde idonea in Botia detecta impofitum per horas. 12. igne afcenforio fublimetur. Vafis tamen fundum ad medium vfque luto ex lana, feu tomento, & argilla partibus duabus fcilicet argillæ, & vna tomenti confecto fit oblinitum, & os pariter bombice, vel ftupa obturatum, Metallinam tandem reperies collo Vafis argenteo colore adhærentem.

Lutum tomenti.

Oleum omnium metallorum.

Videatur (vt fupra, H.) Aqua ad diuidendum, circa finem.

Purpurina argentea, & aurea.

Miſtura Arg. viui, Marcheſitæ, vel Stanni, Arſenici, & Salis armoniaci ana, poſita in Botia vitri, ſi decoquatur per horas. 321. ad ignem, colorabitur argenteo colore. Verùm ſi loco Arſenici ſumatur Sulfur citrinum in pane nitido, aureo colore tingetur, & tunc dicetur aurea Purpurina.

Aduertendum. eſt Nota.

Reſinatio Chryſocollæ.

Reſiltratæ in libris ducentis ſeptuaginta Aquæ cæleſtis, libræ nonaginta Paſtæ, ſeu Lapis, Chryſocollæ, cum libris decem Aluminis, & Aluminis ſecis libris octo cum quatuor vnciis vniuſmet ponderis, in Vaſe æneo per lentam, continuámque ignis exhalationem tantùm liquentur vt aqua. Deinde per optimam opertúram pannorum laneorum ne ſpiret, neue vllatenus ſpirare poſsit, Vas refrigeratum per dies tres ſtabili in loco locetur. Reuulſus autem Borax in ſpondilibus vaſis agglutinatus (habita primùm per inclinationem optima aquæ euacuatione) ablutúſque frigida, & bene deſiccatus ad Solé, nitidus, vnctus Oleo lini crudo, ponderatúſque, in Vaſe nitido ſeruetur.

Solidatura tertia pro Arg. & Auro.

Partes tres Argenti pro Argento, vel Auri pro Auro. Et pars vna Aeris arſi pro Argento, vel Argéti pro Auro ſumptæ (facta nihilominus miſtione primum

primum optima in fuforio ad ignem fufionis) feruentur laminæ.

Specula metallica frangibilia.

Miftis per refufioné manicæ partibus tribus æris, & pars vna Stanni tantum, proiiciantur laminæ ad planam, & pontellum in petra columbina altera alteri imminente. Mifto nihilominus primùm ad igné venti fufo. Deinde laminæ ad menfuram æquentur à fuperfluis cum gladio, & planentur Smerillo medio, ac tenui ad ficcùm perlongum, ac tranfuerfum, primo fuper lignaculis ex tabula huiufmodi agglutinatis cum Gypfo crudo, & aqua fuper tabulam. Poftea luftrentur fuper panno lineo rudi. vel corio à parte domeftica, Sponthía, vel Tripolo, & Ceruffa, aut Calce ftanni, afperfæ tamen prius oleo. Deinde palmis manuum ficcatis terfæ, nitidatæ, & capfatæ feruentur. .I.

Specula non frangibilia.

Specula infrágibilia cuiufuis dimenfionis ob malleationem in reliquo (vt proximè fupradictum eft, I.)rite fiant, præter quàm fubiecta effentia, quę tantum conftat de folo Arg.cupellato

Spodium de ofsibus.

Offa tibiarum boum deufta ad ignem continuum in fornacula cæmentationis per horas. 2. Spodium vocatur de ofsibus.

E

Sublimatum.

Sumptis de Nitro mollito lib.50.
De Sale.
De Alumine, seu   mollitis.
Vitriolo vsto.
Et de Arg. viuo ana lib.100.

  Omnibus simul iunctis, Arg. viuo tamen prius in aqua ad diuidendum quantum sufficiat in Vase ligneo mortificato, Mistura huiusmodi in Vase vitreo (cum Alembich) aperto per horas. 24. ad lentum ignem lignorum per Gineres sublimetur, seruetúrque diligenter.

Notádum.   Notandum nihilominus non poni de misto pro quolibet Vase plusquam. 87. Insuper aquæ vltimo stillatæ valent ad alias quoque mortificationes:ideo seruentur.

Terra ad deargentandum metallum,
& inaurandum.

  Solutum igne argentum de cupella. quòd.1.in vnciam vnam aquæ diuisionis, iügatur cum puluere salis, & Tartari albiana vnciarum sex.

  Sícq; in Vase vitreato cũ spatula lignea (non autẽ metallica) mista seruetur terra calore densata.

Notádum.   Notandum est etiam talem ordinem penitus seruandum esse in conficienda terra pro inaurando: quæ ab aqua diuisionis, & argento seclusa madefiat oleo auri, quòd.1. (Auri scilicet soluti) pro qualibet libra prædictorum puluerum.

                              Tuciæ

Tuciæ conftructio.

Sumantur de antimonio libr. 96.

De Calce filicis libr. 48. De alumine catino libr. .K.
24. De ære arfo libr. 1. cum vnciis quatuor. De
plumbo: & Stanno fimul calcinatis libr. 8. videlicet
pro vna qualibet parte plumbi, duæ partes Stanni.

Hæc omnia fimul corporentur cum aqua, tritu-
rentúrque in Pila figuli. Miftura deinde hinc exem-
pta, & in plano furfuribus ftrato adinftar placentæ
deficcata in igne carbonum per horam coquatur,
poftea pinfetur, trituretur, ac taminetur. De puluere autem eius tenuiori fiat bitumen cum Albumi-
ne ouorum, & idem Cannis ferri inuolutum, & in-
fperfum grofsiori puluere eiufdem, atque fic in vm-
bra ficcatum per ignem reuerberationis recoqua-
tur iterum per horam.

Vbi autem nimium nigrefceret : Cannæ vt fu- Notádum.
pra bituminatæ candentes fæpius extinguantur in
aqua Calcis plumbi & Stanni, vt fupra dictū eft. K.

Singularia præmiffa cur pofita fint.
Caput decimum.

Ingularia hęc (nempe) aqua diuifionis, refinatio chryfocollæ, æs arfum,
vftum, & reliqua particularia fupra-
dicta non fit qui arbitretur temere
pofita, tanquam à principali nego-
cio aliena, vel vt omnino fuperflua. Non enim fru-

ftra, immo'neceffaria ceu per gradus quofdam ad
perfectionem huius magifterij purificationis Auri
(fcilicet) quod præcipue intendimus (vt cuique in
his oculato palàm eft)pofita funt. Nam ficut arbor
ex floribus feracem, vberemque fructuum meffem
indicat, & vbi non affuerit ignis vfquam fumus ex-
halat, fic huiufmodi exercitaméta cum infignia fint,
ac certitudo efficaciæ & veritatis pręmifforum, tum
fcopus quo huius artis pfeudoprofeffores (Alchí-
miltæ vulgo dicti) impingentes fracti protinus, &
confufi reuelentur, patefactáque eorum fraude, &
falfitate de medio fublata, fimplices tuti, & cautio-
res reddantur.

PORTIO SECVNDA.

Præfatio portionis fecundæ.
Caput primum.

RVdis hæc, impolitáque noftrá inuefti
gatio confultò fatius prætereunda à
nobis fuiffet, lector candidiſsime,
quàm vt fublimis huiufmodi ars, atque fpectanda fuæ genitricis naturæ
æmula(præcipuè contra ipfiufmet fcientiæ autho-
rum decreta vulgationem prohibentia, vbi dicitur
nefas effe arcana reuelare indignis)quodam vel tenui fufurro mortalibus patefieret. Cum tamen nobis perfuafiffemus omnipotentis naturę vim fupremo numine fapientiæ filij infpiratam(tametfi ple-
rofque mortalium lateat) ex Dei munere cogno-
uiffe,

Ray. in a-
per.c.2.ars
igitur.

uiſſe, nefas, & ab humano officio eandem in tenebris perpetuo clauſam tenere, prorſus alienum duximus, præſertim cum nihil præſtantius, nihil in hu-
manis vtilius reperiri poſsit, vel excogitari, ſi modo
Sophis lôge ſupra hæc caduca & fluxa eleuatis, fue
rit reuelata. Cęterum quo res ipſa obſcurior, ac dif-
ficilior cognitu hactenus haberi ſolet, eô lucidio-
rem omnibus, planioremq; efficiemus. Nam quòd
Schema ſub ænygmate poſitum ſit, id fuit in cauſa, ne detractores Alchímiſtæ, indigni, ingratíque
facilem ſeſe habere ad hæc myſteria aditum arbi-
trentur. Initiatis vero totam huius artis rationem,
compendioſè, & accuratè explicantes aperiemus
in portione diuiſionis, in ſpeculo noſtro, quòd iam
mente côceptum orſi indies Iucubramus. Vt ipſum
intuentes lucis ſplendore ſuperuenientis illuſtren-
tur, & deuij ab huius lucis iubare in ſemitam rectã
dirigantur, & hac potiti gratia, munere gaudeant
veritatis tali ſub ſchemate.

APERIO LIBRVM ET SEPTEM
SIGNACVLA.

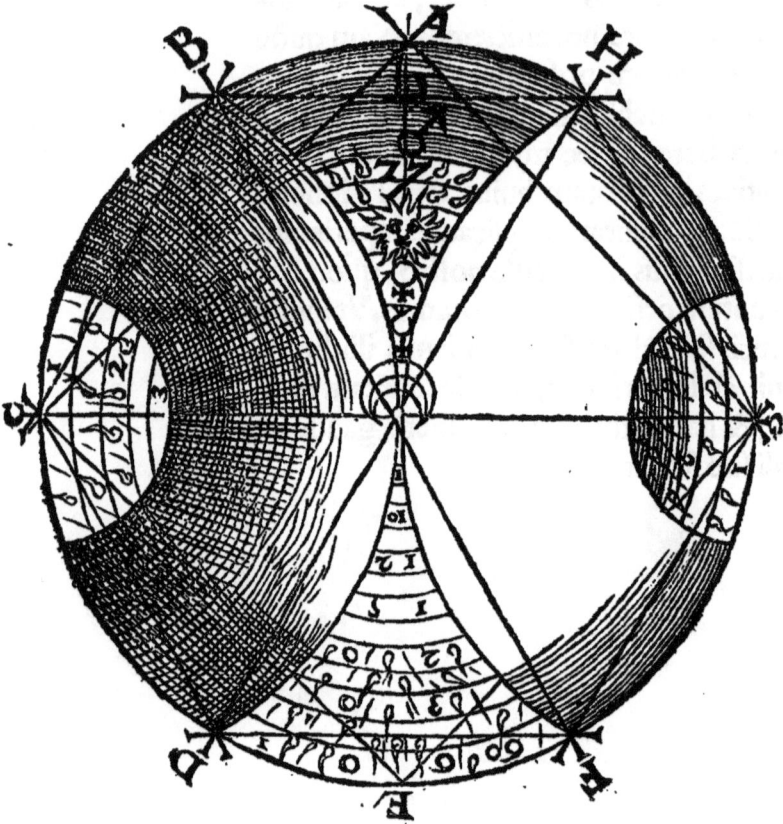

Schematis Voarchadimici expofitio.
Caput fecundum.

Ifionem acceptam à domino æter-no omnipotēti palàm fieri (indignis) nō debere in arcanis arcanorum le-gitur, propterea quod omnino me-tuendus fit dominus. Literas tamen. A. V. E. (vt in præmifsis) dicimus effe miftionem vniufmet ponderis olei vitri, materiæque primæ ar-tis, aëris, & ignis, lucis maioris & minoris, ac argenti viui fepties mundati per fublimationem cum arena alba, infimulque rubificatam. C. verò primum mo-tum, id eft occifionem, corruptionem, calcinationē, vel putrefactionem. G. fecundus motus eft, & eft generatio. H. vero tertius motus, videlicet augmen-tatio. D. dicitur fixatio, diminutio, difiunctio, vel fe-paratio, & eft quartus motus. F. &. B. funt elemen-ta alterantia cum loci mutatione, quæ dicūtur ignis mutatio: Pauimenti operatio, terminatioque rubi-ficationis, & eft quintus motus.

(margin note: Ray. in co-dic. 4. Cum igitur.)

(margin note: Synonyma.)

(margin note: Synonyma.)

Theorica, ac practica Voarchadúmicæ artis, & eius fchemata in multiplicatione tincturę.
Caput tertium.

Erminatio recipientium eft mutatio naturarum receptorū per ineffabilē miftionē calidi(.i.ignis, quod eft au-rum fuluum, cum frigido. i. Arg. viuo nō vulgari, quod eft Arg. viuum per ignem & arenam albam fepties mundatum, vt dictū

(margin note: Mecúbalim)

est ab Arg.viuo,humidi,id est,Aer: quod est Arg.
purum,cum Auro fuluo, Argentóque viuo vt supra,in simul rubificatis,cum sicco,id est,oleo vitri)
dispositione perpetua.Hæc perpetua dispositio,est
materia metallorum:Materiáque prima artis(id est
vitrum inanihilabile:quod est oleum dictum: medium retinentem Arg.viui, Aurum albificantem)vt
ait Maria.Et ista aqua grauis est, quæ mercurialis
dicitur:vt omnes asserunt.Et Arg.viuum sapientũ
(id est Argentum viuum,vt dictum est,mundatum
ab Argento viuo)de quo dicit Hermes:Custodite
hoc Argentum viuum coagulatum (id est mundatum)quod est in intimis thalamis:in quibus coagu
latum est.Ipsum enim est Azoch : & est secretum
Scóliæ:& dicitur terra residua.Qui igitur verba au
dit,ipse inquirat.Sed testamur per illum qui malè
perpetrantem iustificat:& nullum recte agentem
condemnat:nos iam detexisse quicquid ante cælauimus in hac sapientia:& maximũ arcanum scientiam, & intellectum habentibus patefecisse.Qui
vult ergo proficere in hac sapientia , oportet eum

Electio. istam admirabilem Electionem (mũdationem,mistionem,triturationem,& calcinationem,Argenti,
Auri,Argentíque viui,& olei vitri)seu arcanũ maximũ cõponere,& posteà ipsum mutare de natura
in naturã:Luca sic dicente in turba,pluribus rebus
non indigetis:sed vna tantum.Et ista res vna, in vnoquoq; gradu operum nostrorum in aliam con

Nota tamẽ uertitur naturam.Idem testatur & Géber cum di
qᵈ est alte- cit:Ars talis non consistit in pluralitate rerum . Est
ra materia
prima artis. enim materia vna (id est metallorum)in qua ma-
gisterium

giſteriumnoſtrum conſiſtit:cui non addimus rem extraneam aliquá,nec minuimus: niſi quòd in præ paratione eius ſuperflua remouemus. In vna ergo re conſiſtit totum magiſterium iſtud , vt nos recte cenſemus,in oleo vitri ſcilicet,& Arg.viuo mundo, animato,rubificatoq;.Et hoc expreſſè dicit Alphi- **Notádum.** dius filio ſuo:Scito fili, quòd eſt materia(& mate ria prima artis)quæ eſt radix,de qua omnes ſapien tes tractauerunt(oleum vitri,&)Arg,viuum eſt.Et eſt quòddam Arg.viuum albi coloris : & pluſquá ſpeculum ſplendens.Item fertur in turba. Initium totius operationis eſt Albedo, id eſt, Arg. viuum mundum animatum,cui rubor ſuccedit.

Notabis ergo,quòd Acetum,Aequatú,Albedo, **Notandú.** Album plumbú,Aqua benedicta,metallico, ſicca, ✛ talchi,viua,viſcoſa,uitæ,vrinæ puerorum , Argen tum viuum animatum, coagulatum, Argyriónzo ticón,arſenicum,auripigmentum , azoch, cambar, caſpa chaià,ches ſeph chai,compar,corſaturni, de cember: E,Euphrates, fauonius, phlegma, Gum ma alba,inimicus,inſipidus.lubricum, materia vna, metollorum,medicina vna,menſtruum,mercurius, occidens,ouum,puer,ſalſus, ſedena, ſenectus, ſeri nech,ſeth,ſiniſtra,ſocius,ſperma metallorum,ſubli blimatum,ſuccus.téuos,uentus,veſpera,vigintiunú vnctus,vultur,zibách,& ziuá, idem ſignificant. Et id genus multa,quæ hic prolixitatis vitandæ gratia omittimus.

In compoſitione autem huius admirabilis mi ſtionis,ſeu maximi arcani,oportet nos ſequi natu ram.Nam (vt ait Géber) Natura per ſe agit. Nos ergo

ergo oportet tria scire, videlicet quid sit natura, quot sint naturæ, & qualiter natura operetur in metallis productis.

Natura qd. Secundū autem Aristotelem (secundo Physicæ auscultationis)natura sic diffinitur:natura est princi pium,& causa mouédi,& quiescendi in illo, in quo est primo,& per se,& non secundum accidens.

Quotuplex Author autē perfecti magisterij ait: naturæ (siue tu dicere mauis:qualitates)sunt quatuor, videlicet caliditas & siccitas, vt in igne. Caliditas & humiditas, vti in aere. Humiditas & frigiditas, vt in aqua. Fgriditas & siccitas,vt in terra. Omnes autem istæ cōplexiones inæquales sunt: nec est vlla istarū quā quærimus.Nam nos quærimus æquale, de quo dicit Ioánicius:quòd æqualis mixtio est vna, quando cum moderatione,incolume dicitur corpus.

Moderatio Notabis ergo, ϙ dicit cum moderatione, scilicet prædictarū naturarū,seu qualitatum, videlicet caliditatis,humiditatis,frigiditatis,& siccitatis. Ná quádo aliqua istarum naturarū aliam nō excedit : tunc dicitur corpus temperatum & æquale,quia tantum est de vna quantū de alia secundū debitam propor tionem qualitatum ad esse metalli requisitarum.

Synonyma Item notabis,quòd Incolume dicitur sanum, re-motum,calcinatum,separatum,purificatum, dispo **Clauis pria.** situm,siccum,vel mundum ab omni causa corru-
Mundatio. ptionis.Et(secundum Géberum)stannū est plum-bum album purissimum:& est in eo æqualitas fixio nis,vel spissitudinis duorum componentium Arg. viui,scilicet & sulfuris(metallici)non autem æqua-litas,quantum in mixtione(,id est,quantitate)Arg. viui.

viui. Item Hermes inquit, fili, fapientum metalla
funt fex(non enim Arg. viuum eſt metallum, ſed
materia(vt infra, Notabis Embryon, L. & cætera)
metallorum, quorum primus eſt. Sol eorum opti-
mùs rex & caput, quod nec terra corrūpit, nec res
comburens comburit, nec aqua(colorificans, viridis, aut diuidens)mortificat, vel deuorat, eo quòd
ſubſtantia eius eſt terminata, & natura directa in ca
liditate, humiditate, frigiditate, & ſiccitate. Nec in
eo quid ſuperfluum eſt, vel diminutum. Et ideo ſa
pientes prætulerunt ipſum, & magnificauerunt, &
dixerūt, quòd ſic ſe habet Sol in metallis, quemadmodum Sol in ſtellis. Suo enim lumine & ſplēdore
omnia vegetabilia germinant, & omnes fructus per
ficiuntur nutu Dei. Quid plura ſi ad hoc peruenire
poſsimus? Habemus proportionatum ferè totum
iuxta Socraté dicenté: Iam ergo albi plumbi diſpo-
ſitionem vobis demonſtraui, quo genito nihil aliud
eſt quā opus mulierum, & ludus puerorum.

Cognito igitur quid ſit natura per Philoſophū,
& quotuplex per authorem perfecti magiſterij, a-
liorumque ſapientum ſententiā, reſtat videre quomodo operetur natura.

Operatur autem natura multifariam: ſed potiſsi-
mùm per mixtionem, quā ſapientes variis appella-
rūt vocabulis, ſcilicet, Ingreſsioné, ſummerſionem,
coniunctionem, connexionem, complexionem,
cōpoſitionem, & mixtionem: idem ſignificantibus.
Nihil enim ingreditur, ſummergitur, coniungitur,
connectitur, complectitur, componitur, quā quod
miſcetur. Videamus ergo quid ſit mixtio (Clauis
enim

Natura quomodo operetur. Synonyma

Clauis fecū enim fecunda eſt)quia ipſa cognita per diffinitionem omnia alia cognoſcantur.

Mixtio, &
quid.

Secundum autem Philoſophum(primo de gene
ratione)mixtio eſt miſcibilium alteratorum per mi
nima coniunctorum vnio.

Miſcibiliū.

Notabis Miſcibilium,id eſt elementorum. Nam
ipſa ſunt pɾima principia vniuſcuiuſq; mixti. Sed ip
ſius mixti manifeſtam,occultámue ſcire non poſſu
mus naturam:niſi ſciamus ipſa elementa cōmiſcere
ſeu componere.Vnde Hermes dicit: Intellige fili
quatuor elementorum ſcientiam, quæ ſuis poſita
ſunt rationibus in ſua abſcondita apparitione.Eorū
enim abſcondita apparitio nequaquàm exponitur,
niſi componátur,eo quod non perficiuntur donec
ſuis coloribus colorentur.

Minimum.

Notabis etiā per minima, id eſt per indiuiſibilia,
Nam ſi quid poſſet diuidi iam non eſſet minimum,
ex quo diuiſo partes eò minores proueniunt: cum
omnis pars minor ſit ſuo toto. Apparet ergo,quòd
per minima,id eſt per indiuiſibilia ſit mixtio elemē
torum.Et quòd elementū ſit minimum metalloru
componentium patet:per diffinitionem eius, Ele-

Elemēti diſ mentum enim minima particula eſt metalli.
finitio.

Ad hoc autē,vt miſcibilia miſceantur, requiritur
præuia diſpoſitio:quæ nō fit niſi per motum in om
ni actione,nedum in mixtione neceſſarium.Motus

Motus pri- autem (vel mutatio) dicitur (ſecundum Ariſtote-
mus:Clauis lem in Categoriis) ſexcuplex, ſcilicet, corruptio,
iii.& primū generatio, augmentatio, diminutio, quam fixatio-
punctum.
Corruptio. nem vocamus: alteratio, & loci mutatio . Sed aliis
in præſentiarum omiſis, Corruptionem tantum
eligamus,

eligamus:nec eam quidem omni exparte. Nam mul
tas sub se species habet. Sed ex his vnam (quæ putrefactio dicitur) ad propositum facientem discu-
tiemus.

Natura enim quæ nunquam otiatur, omnifario
motu operando vtitur:in primis autem omnium
corruptione . Corruptio verò hic & putrefactio æ-
quipollent significato . De hac itaque in allegoria sua hermes, sic inquit, Scitote quòd artificij o-
rigo est caput Corui: qui in nigredine noctis, & in
claritate diei sine alis volat: & amaritudine nostra
in suo sanguine exeunte coloratio accipitur:& me-
ra aqua à suo dorso. Nó est ergo aliud caput Corui,
nisi nigredo noctis, quia sicut ista sunt nigra & ob-
scura respectu diei, sic spiritus iste putrefactus respectu spiritus mundi, qui ex putrefectione oritur,
& per nostrum artificium extrahitur.

Sed cuius coloris debet esse spiritus iste mundus? *Quæstio*
Profectò albi. Vnde Hermes, Scitote rumorum in- *Solutio.*
quisitores, & sapientiæ filij, quòd Vultur supra mon
tem extensum in cacumine voce magna clamat inquiens : Ego sum Album nigri, & citrinum albi, &
rubeum citrini, veridicus sum certè, & non métior.

Notabis ergo album nigri. Nam ipsum album ex
nigro extrahimus . Item alphidius: Argentum autem viuum, quod ab eo scilicet cortice nigro extrahitur, est humidum album à corticibus mundum,
ne opus pereat.

Viso ergo quòd primus motus naturæ est corrũ- *Album ni-*
pere, videndum est qualiter fiat. Et vt perfectè scia- *gri.*
mus facere:oportet nos habere cognitionem prin-
cipiorum

cipiorum tam naturalium, quàm artificialium. Nam qui principia ignorant, finem non inueniunt.

Primum ergo principium naturale, vt prædictũ est, dicimus Arg. viuum, cum arena alba per ignem ab Arg. viuo septies mundatum, coagulatúmque, ac materialia ignis, & aëris, sub nomine Antybar, Marthek, Stagno, vel Risoó (quod Græcè Thélima dicitur, & Hebraicè Reçón) positum in literis & numeris notatis (vt hic infra, & suprà) per lineam perpendicularem inchoando à penultima sursum ascendendo, & in vltimam terminando.

.C.

E . 5 . Lux maior.
H . 8 . Coagulum.
T . 19 . Ignis, id est, Lux maior.
R . 17 . Aer, id est, Lux minor.
A . 1 . Lux minor, Insertio respódentiæ Charattorum. xiij. g. q;. iij. seu. xxiij. g. q;. ij. cum. $\frac{1}{2}$.
M . 12 . Hyle.
K . 10 . Aqua permanens.

———————
72 .
———————

A . 1 . Materia prima artis.
B . 2 . Lux minor, Insertio respondétiæ Charattorum. xv. g. q;. iij. & vltra, seu. xxiij. g. q;. ij. &. $\frac{1}{2}$. in circa.
Y . 22 . Lux maior.
H . 8 . Aqua permanens.
T . 19 . Ignis, id est, Lux maior.
N . 13 . Gemma.

A . 1.

A . 1 . Cera.

R . 17 . Aer, id eft, Lux minor.

72 .

Secundum eft Calor .i. Ignis alienus, quod eft **Secudum.** inftrumentum mouens ipfam Materiam miftam ad putrefaciendum: & non aliud agens in mundo. Vnde inquit Alphidius: Scito fili, quod fubftantia agés in hoc toto mundo eft vnum, fcilicet calor. Calore enim fublato nullus omnino motus eft. Motus autem eft actus. Ideo difpofitionis & totius operis artifex, calor eft ignis.

Sed cum multi fint gradus caloru, fiue ignis, videamus quid fit: & in quo gradu.

Et certè ignis, fiue calor eft ignis intentifsimus, fic **Ignis alie-** teftante Maria: Menfura ignis tui, id eft alieni, efto **nus.** ficut Solis diebus támuç: à v.i. Noch ach ros, quod eft caput zenit. Et vocatur fimus equinus: fed non eft (fcilicet per contrariu) vt inquit Alphidius: Igne, id eft alieno, coquitur quod tibi oftendam. Et eft calidus & ficcus in quarto, cuius proprietas eft augmentare ficcitatem: condenfando humiditatem. Nam ficut ignis fimi augmentat calidum & humidum propter fuam caliditatem & humiditatem qui perhibetur: ita fortitudo ignis calidi & ficci ficcitatem. Et difponit naturá humidam, in ficcam terminando. Huic autem non afsimilatur alius in mundo, nifi naturalis, qui eft ignis folis in vifceribus terræ.

Vifis igitur principiis naturalibus, videamus artificialia.

Principia

Principia ar tificialia. Principia Artificialia funt duo principalia inftrumenta: in quibus perficitur ista putrefrctio. Et primum eſt lapideum Carahà, ſecundum eſt lapideum áludel(id eſt venter equi)in quo debet poni materia miſta. De quo Vincentius dicit: Solutionum corporum & ſpirituum inſtumenta ſunt multa: vnum tamen dicitur Venter equi. Et fit duobus vaſis: quorum alter eſt lapideum áludel: & in ipſo materia miſta ponitur, ſtátque in fornace, & ſubtus nutrtitur ignis vt buliat. Auicena dicit, quòd iſtæ diſpoſitiones non poſſunt fieri niſi in vaſe duplici cognito, quod vas eſt venter equi ſupra nominatum.

Item cum diffinitio ſit omnino quid eſt eſſe rei ſignificàs: videamus quid ſit putrefactio ipſius (ſcilicet) materiæ miſtæ, vt melius eam cognoſcamus.

Putrefactio quid. **Secūda diffinitio putrefactionis.** Secundum autem Ioannicium putrefactio eſt corruptio ſubſtantiæ miſtæ materiæ ex vaporum retentione. In noſtro autem propoſito, ſi vapores diſpergantur per aërem ipſum: non putreſit, neque corrumpitur ipſa ſubſtantia miſta materiæ. Quare debet áludel ſic adaptari in obice: ne reſpirare poſſit. Vel poteſt aliter ſic diffiniri. Putrefactio eſt ſubſtantialis humiditatis corruptio: ex indigentia caloris naturalis: ſuperabundante calore alieno artificiali exterius agente.

Calore alieno. **Quæſtio.** **Solutio.** Notabis calore alieno ſuper abundante. Nam ipſe calor alienus eſt inſtrumentum agens: ſeu perficiens corruptione humida.

Sed ſi quæratur, per quem modum facit hanc corruptionem calor? Reſpondemus, calor calefacit miſtum ſibi applicatum: & calefaciendo facit euaporare

porare humiditaté:qua omnes partes ſiccæ conti-
nuabantur,& faciebant vnũ mixtum continuum,&
vnam rem.Et ita calor corrumpit,& putrefacit ipſam rem:quia mixtum quod prius ratione humidi
erat continuum, ratione eiuſdem exhalati efficitur
diſcontinuum,& amplius non perſiſtit in ſubſtantia
mixti,ſicut videtur in ligno in igne poſito.Nam for
titudo caloris ipſius ignis facit euaporare à ligno a-
quam,& oleum, mediantibus quibus lignum primo erat mixtum compoſitum & cótinuum, modo
poſt euaporationem aquæ & olei, remanent cineres,& partes ſiccæ ex toto diſcontinuatæ,& pulue-
rizatæ.Et propter iſtam ſimilitudinem:Putrefaƈtio
vocata fuit cinis à ſapientibus. Vnde reƈtè inquit Putrefaƈtio
Hermes,Ne arg. viuum negligétiæ tradas : nigrum aliter cinis:
enim cinerem de albat,& per ſapientum ignem fit ſeu calcina
opus.Ideo vocata fuit etiã calcinatio,propter ean- tio.
dem ſimilitudinem.Nam ſicut fortitudo ignis pri-
uat lapidem ſua humiditate,& de ipſo facit calcem,
ſic putrefaƈtio.Vnde Parmenides in turba:Niſi ver
tatis naturam,eiuſque compoſitiones & comple-
xiones ſciatis,& bene coaptetis conſanguineum
conſanguineo:& primum primo ,inconuenienter
facitis,nec quicquam operamini,eo quòd naturæ
cum ſuis conſimilibus naturis conſequentur eas,&
lætabuntur in eis. Nanque putreſcent vel diſiun-
gentur,eo quòd natura naruram regit , quæ ipſam
diruit,& in puluerem vertit,& deducit. Apparet
ergo,quòd per putrefationem, res noſtra deſtruitur,& in aliud eſſe deducitur, ſicut lapis per calcinationem.

F

Viſo autē quid ſit putrefactio,& qualiter fiat,vi-
deamus ſigna per quæ poſsimus cognoſcere quando erit perfecta,aut non.

**Signa putre-
factionis.** Duo quidem ſunt accidētia principalia, per quæ
poſſumus cognoſcere ipſam eſſe perfectam,aut nõ
color,ſcilicet niger:Tactus vero ponderoſus. Vnde

**Qualitates
Arg. viui
mixti.** Author perfecti magiſterij,Plumbum, id eſt Arg.
viuum mixtum, in ſua altitudine eſt plumbum , &
Arg.frigidum,ſiccum,terreum,melancholicum,ni
grum,marcidum,fætidum,ponderoſum, & fœmi-
neum. Ex iis ergo apparet,quòd putrefactio tunc
eſt perfecta,quando eſt nigra,& ponderoſa.

Synonyma Item notabis,quòd Argentum noſtrum , calcinatio,incineratio,melancholia,& nigredo idem ſignificant.

**Quæſtio.
Solutio.** At dices quid remanet calcinatum poſt cinera-
tionem?Reſpõdemus,eſſentia materiæ mixtæ me-
tallicæ,quæ ante calcinationem erat in potentia ipſius introducta ex proportione elementorum, ex
quibus erat compoſita.Quia talis eſſentia non corrumpitur, vt aliquo pacto anihiletur,ſeu ad nihi-
lum reducatur,cum eſſentiã ſubiectã: Naturámue
deſtrui à nobis non ſit poſsibile , ſed quantitatem
& virtutem illam quæ dabat eſſe tali mixto , modo
per calcinationem & accidens veniens ab extra
deſtructo & calcinato, quam virtutem & quantitatem ex mixtione ſuſceperat , hæc quidem penitus anihilatur.Nam ſicut totum integrale (puta domus)conſiſtit ex ſuis partibus integralibus vnitis,
& diſiuncta ſitu vna parte à loco ſuo , quem prius
habebat in toto, deſtruitur ipſum eſſe totius domus

mus, & tamen remanent lapides, ligna, & cæmen-
tum ex quibus constabat domus. Ita etiam fit in
proposito nostro. Nam disiuncto humido ab ipso
mixto elementari cui inhærebat, tanquam pars in-
tegralis in toto, & hoc per calorem eleuantem ipsum & separantem ab aliis partibus, anihilatur quá-
titas humidi ipsius mixti, subiecta tamen essentia
humidi non anihilatur, nec potest anihilari.

Sed extat (inquies) inoppositum experientia. Si
enim applicetur igni olla aquæ plena, inualescente
ignis calore paulatim exhalando minuetur aqua ipsa-
sa, quod ad nihil aquæ penitus in olla remanebit.
Ergo essentia eius anihilabitur? Huic autem obie-
ctioni respondemus, nequaquam militare contra
positionem nostram, quoniam de natura mixti metallici loquimur hic. Quod & si calcinatur quoad
suum esse totius compositionis, tamen ipsum penitus non destruitur: vti supra de domo exempli-
ficauimus, & ita si olla cooperiatur ne vapores ex-
halare possint, aqua ipsa anihilari non videtur. Contra nostram igitur intentionem inductus cauillus
non est, quamuis etiam iuxta peripateticorum prin
cipis (primo suorum naturalium volumine) intentionem facilis esset euasio dubitationis inductæ,
quoniam neque materia ipsius aquæ in illa contraria ignis actione anihilatur, immó remanet. Non
enim sequitur nihil remanet in olla, ergo subiecta
aqua anihilatur. Et tunc dicitur quod aqua habet
materiam subtilem & raram, & ex consequenti
valde passibilem.

F ij

Item habet qualitates penitus contrarias qualitatibus ignis. Nam caliditas ignis frigiditati aquæ opponitur, & siccitas humiditati. Cum ergo caliditas ignis frigiditati aquæ aduenit, pugnant inter se: & si caliditas vincit frigiditatem, tanto magis subtiliat & rarificat aquam, quòd conuertit eam in aërem, & ita aquæ materia non erit aliquo pacto corrupta, licet formam aëris suscipiat. Nam aër generatur ex calido ignis, & humido aquæ, & terra ex sicco ignis & frigido aquæ. Vnde morienus. Quatuor sunt elementa, quorum duo sunt principalia: & summopere contraria, vt ignis & aqua. Alia vero duo generantur ex istis, vt aër & terra. Hoc idem quā optimè declarat Albertⁱ in libro Perigeneseos. Item

De his, quæ in aëre generantur.

videmus vapores aqueos virtute caloris sursum ascendere, & contra naturam suam eleuari. Nā aqua suapte natura semper deorsum locum suum petit: tanquam graue. Cúmq; ij locum maximi frigoris attingunt vbi frigiditas superat caliditatem, tunc virtute illius frigiditatis inspissantis in nubes, in aquam conuertuntur: ac ita naturaliter descendunt, generatúrque pluuia. Et etiam cum ventus septentrionalis) cuius natura est frigida & sicca) obuiat australi, tunc si frigiditas septentrionalis superat caliditatem australem, condensatur & congelatur in nubes, & hæ aliquando in pruinam, aliquando in grandinem, aliquando in niuem, & aliquando in glaciem conuertuntur. Ex quo apparet quòd rerum materia non potest anihilari, sed recipit conuersionem, cum natura vnius naturam alterius superat in mixto.

Secundus

Secundus motus naturæ eſt generatio. Et cum corruptio vnius ſit generatio alterius(Philoſopho te
ſte primo de generatione)eſt impoſibile materiam
eſſe,quæ non ſit ſub aliqua forma:primo Phyſicorum. Quando ergo agens deſtruxit mixtionem primam ſeu proportionem elementorum,quæ faciebat rem eſſe ſub prima forma mixtionis, ſtatim introducit aliam formam,per cuius introductionem,
ſit talis motus generationis.

Et quæ forma eſt illa in propoſito noſtro? Certè
Auri mixti corrupti, quod vocatur à ſapientibus
Chylus,ſeu Agnus,Iuppiter,& ſtannum: Saturnus,
& plumbum, propter ſuã nigredinem & immundiciam, a quà nigredine & immundicie mundari
debet.Vnde inquit Hermes:Hoc fili noſcas, quòd
niſi quis ſciat deducere prægnationem, mortificare
generare,& ſpecies viuificare,lumen inducere, ac
mundificare, quouſque igni purgentur, colorentur,& à maculis vltimis mundificentur, velut à nigredine & tenebris,nihil facit. Si autem hoc quiſpiam fecerit inter mortales ſatis ſupérque erit ſpectandus.

De electione,mũdatione,mixtione,corruptione,
& generatione,pauca nobis hæc prælibaſſe ſufficiat,in ſequentibus latius quæ reſtant dicemus.Nũc
autem de alteratione cum partibus ſubalternis, ae
concurrentibus dicendum putamus.

Alteratio eſt mutatio ſecundum qualitatem facta
per nos ex quadam locali permutatione.Qui motus continet in ſe principalia huius magiſtei j, de
quibus dicit Géber,Sunt itaq; huius artis principia

F iij

Motus ſecũ
dus. Clauis
4.& ſecundũ punctũ.
Generatio.

Quæſtio.
Solutio.
Synonyma

Motus quiã
tus, Clauis.
7. & tertiũ
punctum.
Alteratio,
cũ loci mutatione.

Modi ope-
rationum.
.D.
Sublimatio
cutinuenta
modi operationum ipsius:quibus applicatur artifex
ad hoc magiſterium, qui quidem à ſe inuicem ſunt
diuerſi. Eſt enim vnus modus Sublimatio, Deſcen-
ſio ſecundus, tertius diſtillatio:quartus calcinatio,ſo
lutio quintus , ſextus coagulatio, ſeptimus fixatio,
ceratio vltimus.

Primuſergo modus eſt Sublimatio . Et propter
hoc inuenta fuit,quia non nouerunt antiqui ſapien-
tes(cum ſit impoſsibile prorſus) neque nos:nec qui
nos ſequentur,aliquid quo coniungerentur animæ,
niſi ſpiritus ſolos, vel quòd naturam ſpiritus & animæ in ſe contineret,niſi coagulum. Quod proiectu
ſuper Arg. viuum, vel Metallum ſine ipſius mundatione, & incraſſatione,viderunt non perfectos colo-
res dare: ſed ex toto corrumpere,denigrare,adure-
re, & defedare.

.A.
Notabis ergo, quòd dicimus ſine ipſius mundatione. Igitur mundatio tam corporis, quàm animæ,
& ſpiritus debet fieri ab iſta nigredine,& tenebris.
Et ita ſentiunt Sophi.

Quæſtio.
Solutio,
Sed quid eſt illud, quod parit hanc nigredinem?
Humiditas aquoſa,& aduſtiua.Vnde author trium
verborum dicit,quòd humiditas aduſtiua eſt fumus
aquoſus.De quo dicitur:Humiditas aquoſa & aduſtiua corrumpit opus: & tingit in nigredinem. Humiditas autem illa quæ parit nigredinem : impedit
fumum album : quo deficiente Aurum Archimiæ,
id eſt, Aurum duarum cæmentationum perfectarum, non fit. Morieno ita teſtante : Niſi fumus albus fuiſſet:Aurum Archimiæ,id eſt, Voarchadumi-
cum opus, non fuiſſet . Item de hoc idem: Quod
autem

autem interrogafti de fumo albo,fcire tibi conue-
nit.Quod fumus albus eft fpiritus,Arg.viui,illorum
corporum,id eft venarum, è quibus iam animas,id
eft metalla,fiue elementa,extraximus:quibúfve ite- **Synony-**
rum eas cóiunximus. Ifta ergo anima in ipfo fpiritu
Arg. viui ingreffa dealbatur, & mundatur ab omni
nigredine,& huiufmodi candor redundat in illa.Vn
de Parmenides in turba: Scitote quòd fi fuperficies
dealbatur,intrinfeca eius dealbabuntur. Et è cótra.
Item Lucas, anima Arg. viuo ingreffa dealbatur,&
natura naturam conuertit.

Arenam ergo albam, & Arg.viuũ accipe:& per
ignem, fublimationis, attrahe ex lapideo Aludel in
lapideo Carahà fumum album ab ipfis, & fumma
cum diligentia ferua ne pereat.

Sed quáliter generatur ifte fumus albus?Procul- **Quæftio.**
dubio per coniunctionem, & fubtiliationem. Pri- **Solutio.**
mo Argentum viuum cum arena alba coniungitur:
fítque poftea per calorem ignis fubtiliationis,fepa-
ratio vnius fumi aduftiui, qui tingit in nigredinem,
ab ifto fumo albo, qui erat ante coniunctus illi in
materia,Arg.viui,fub vna maffa tamen:& ita recipit
mundationem vnam per ignem. Nam & alteram
poftmodum recipit per artificium noftrum,fcilicet
per triturationem, corruptionem, generationem,
augmentationem, fixationem,& alterationem:cum
loci mutatione, vt fupra, & infra. Vnde illud Hippocratis in Aphorifmis fatis concinè, atque elegan-
ter huic noftræ intentioni accommodare poffemus:
In perturbatione, & vomitu quæ fponte fiunt: fi
quália oportet purgari, purgentur, bene erit. Si ve-

rò non, è contra. Quod ſic exponimus transfe-
rentes, In perturbatione ventris, id eſt putrefactio-
nibus, quæ fiunt in lapideo Aludel. Et vomitibus,
qui ſponte fiunt, id eſt ſublimationibus, quæ fiunt in
lapideo Carahà aſcendendo ſurſum, ſicut eſt vomi-
tus. Si qualia oportet purgari, purgentur, benè eſt,
Si non, male. Ex iis ergo apparet: quòd ſi bene ſciamus facere mundationem ex turbatione elementorum: & per ſublimationem, triturationem, & cætera ſeparare hoc ab hoc, id eſt purum ab impuro,
nobis bene erit: & ſi non, male.

Et notabis, quòd adhæret pars vna fixa cum feci-
bus, quæ nunquam per ingeniorum genus aliquod,
ſeparari ab illis poteſt, cum talis penitus fixa fuerit
cum ipſis.

Notandũ.

Et cum fumus ille fuerit mundus & albus: tũc erit
aptus cõiungi cum ſua anima (id eſt, munditia duorum luminarium & corpore, id eſt, oleo vitri vt diximus ſupra, aliter non. Vnde inquit Morienus: Si
quis animam, id eſt, Argẽtum, vel Aurum à viſceri-
bus terræ (extraxerit, & eã ſurſum aſcendere) id eſt
in Arg. viuo mundato ab Arg. viuo, ingredi fecerit:
& ab ea prius in Porfido cũ ipſo Arg. viuo & aqua
triturata, omnem nigredinem & fœtorem, cũ aqua
etiã calida in ſacculo abluerit: poſtea cum ſuo corpore olei vitri, prius corrupta, dealbata, citrinizata,
rubificatáque coniunxerit, & demum per ignem
corruptionis, generationis, augmentationis, fixationis, & alterationis, cum loci mutatione mortificaue
rit, maxima mirabilia in mundo videbit.

Viſa igitur generatione illius fumi albi: qui fit per
ſepara-

separationem fumi aduſtiui ab eo in ſublimatione, videamus illam quæ fit per ſublimationem, & formæ fuſæ colamentum. Et primo quid ſit ſublimatio:& quare fuerit inuenta dicamus.

Sublimatio enim eſt rei ſiccæ per ignem eleua- **Sublimatio** tio,cum adhærentia partium ſubtilium ſuo vaſi. **quid.**

Cauſa autem inuentionis eius fuit mundatio ſpirituum,aliter impoſsibilis eſt, vt iam dictum eſt ſupra. D. Primus ergo modus ſublimatio. Et A. notabis ergo,& cætera.

Colamentum verò, in propoſito, eſt liquefactæ **Colamenti** rei à fece ſuæ turbulentiæ ſeparatio:& hæc fuit vna **diffinitio.** cauſa generalis . Specialis autem cauſa fuit inquiſi- **Generalis.** tio aquæ puræ: ita vt forma ſoluta poſt ipſius aquæ **Specialis.** reſolutionem permaneat incorrupta.

Colamentum verò tribus fieri ponimus modis, ſcilicet per manicam : per cinericium, & per bal- **Colamen-** neum arenæ. **tũ triplex.**

Per manicam quidem ſic.
Fiat talis furnus colamenti.

in quo primo collocetur carbo, & coaptetur ei bene & poſtea ſuper carbones accenſos vena, contu-
ſaque cum octo partibus plus granulorum plumbi
nigri mixta colanda, ad quantitatem vnius digiti, &
deſuper etiam carbones vſque ad ſummitatem furni ponantur, & cum ventoſis follibus aurum cogatur à Lopa effluere. Modus vero alius per Cineri- Cinericiū.
cium ſic fit.

Subſtantia dicta vt ſupra cum plumbo nigro
mixta collocetur in fouea Cinericij, ac deſuper ligna accenſa, & cogatur vt ſupra colari quouſque
imperfecta per Geta effluat, & fulua forma tota
munda reſideat. Primum autem colamentum maius eſt ſecundo. Quia manica plus acuitatis caloris
infert, quàm Cinericium.

Schema Cinericij.

PORTIO

EXTENVO FVSA.

Fit etiam per Balneum arenæ vt infra in Forna- Balneum
ce, cuius figura habetur in titulo moduli fornacis arenæ.
magiftralis, modo vt fupra in purificatione fpiritus
Voarchadúmici. Et caufa noftræ primæ inuentionis talis Balnei arenæ, fuit effentiæ puræ Arg. viui
mundatio (vt dictum eft) facta per eleuationem.
Per primum enim colamentum, & fecundum, folum refultat clarificatio fubftantiæ, & effentiæ elementorum.

Vifis ergo modis colamenti, & quid fit colamentum, accedamus ad reliqua.

Quoniam autem (fecundum Hermetem) in vnaquaque re corruptibili, tria funt confideranda, primum quod eft vtile aqua, fecundum oleum, tertium fex. Tamen nullum iftorum habet effe diftin-
ctum in ifto mixto corrupto, fed confufum, & indi-
uifum. Quod quidem ab aliquibus vocatur Chó-
merriffon mea à melachot, quod eft vitrum inanihilabile, vnde dicitur, deus id eft artifex, creauit id
eft mifcuit primo cælos, id eft rarum, & terram id
eft denfum, quos cælos ad propofitum transferen-
tes vocamus fublimationem, terram vero mixtum
nigrum. Et cum rubro iftius terræ plafmauit, id eft
multiplicauit Adam, id eft aurum, & cum Adam,
viraginem, id eft tincturam, mixtum noftrum, in
quo funt aliquæ corruptiones, quæ per ignem ex-
purgantur. Vnde inquit Alphidius, fcito fili, quòd in
libro fit librorum perfectio, & certifsimú eft opus
eis, qui ratiocinantur. Iam ergo mandaui tibi quod
proponis, videlicet Adam, & prohibui ea quæ opus
corrumpunt, id eft, viraginem. Demum illud idem
hac

hac de re asserere possumus, quod de nutrimento corporis humani à medicis recte proditur. Primum enim Massaptyssanaria, siue Chylus in stomacho conficitur. Deinde ex eo in epate quatuor gignuntur humores scilicet Phlegma, sanguis, cholera, & melancholia. Postremo debita facta digestione, corpus humanum nutritur, sustentatur, & regitur. Hoc idem ipsi dicunt per alia verba. Nam natura primo digerit in stomacho dealbando, secundo in epate rubificando, vltimo in membris subtiliando, ac conglutinando, perficiendóque. Tu vero, si hæc (quæ diximus) tuis nauiter, ac scite accomodaueris operationibus, facilè, procúlque dubio voti compos euades.

Cape igitur in nomine sanctæ, & indiuiduæ trinitàtis materiam primam artis, cum aëre, & igne rubificatis: vna coniunctis (vt dictum est supra) in lapideo Aludel, vt mixtum vnum fiat cũ aqua sicca (vt supra, & infra) mundata per viam sublimationis. Hæc aqua sicca immò mundatio eius vocata fuit initium, & clauis operationis per Alphidium sic dicentem, scito fili, quòd thesauri non euanuerunt, verum intus seruantur, & absconduntur à tuis oculis cum domum ingredieris, volo tamen tibi vnam clauem tribuere, quàm eorum signum voco, quòd si rationem habes, residuas sex claues scies, & extrahes tua scientia ex ea. Porrò hæc vna clauis est aqua sicca, quæ fit per vas sapientum, & modum sublimationis. Per istam vero clauem incipit operatio, & fit per ipsam postmodum extractio reliquarum sex clauium, & cognoscuntur.

Mixtum

Mixtum igitur ac putrefactum cum maiori Luce & minori æquatum prædictum in mundo lapideo Aludel:nam aliud vas nos poteſt ignem ſuſtinere, recipiatur. Iterumque ipſum collocetur in Furno generationis, ac detur ignis, vt totum illud in Mar-thek deueniat, nulla terminatione ignis prætermiſ-ſa,quia motus debet eſſe continuus, & non inter-ruptus. Propterea omnia neceſſaria recolantur quouſque totum perficiatur.

Augmentatio fit ad modum augmenti Lunæ.Nã ſicut per aſpectum ſolis, Luna incipit illuminari, & poſtea omni die augmentatur lumen eius, quouſq; tota ſit illuminata, ſic etiam æquatum incipit per fi-mum rubificari, donec totũ fuerit rubificatum. Et hoc dicit Hermes in ſecreto ſuo videlicet, vitis ſapiẽ tum ſuccus in. 42. diebus extrahitur,eius vinum in fine.30.peragitur, de cætero ipſum diminuit. Alte-ratio vero augmentat,ſicut Luna poſt.15.dies dimi-nuitur,& poſt.30.augmentatur.

Motus ter-tius, Clanis 5.& ſecun-dũ punctũ. Augmenta-tio.

Fit etiam hæc coniunctio ad modum corporis & animæ. Nam ſicut anima corpus ingrediens viuifi-cat ipſum,ſic fumus albus animatus oleum vitri cor pus ſuum.Vnde inquit Alphidius, proſequente fu-gientibus,obuiante vtriſque fuga aufertur,& mora ſequitur,& natura cepit ſuum comparem vt inimi-cum:& ſe adinuicem cotinuerunt,& cõtinent,quo-niam anima corpus introiuit.Iſtud punctum eſt ſe-cundum punctum operationis, & in domo Iouis, quod eſt augmentationis. Idem dicit Rhodianus, cum Embryonem reducit.

Notabis Embryõ.Sicut enim Embryõ eſt maſſa, *Embryon.*

ex

ex qua natura format in matrice fœtum,& difponit omnia membra fua,fic iftud punctum eft maffa,ex qua totum magifterium perficitur.Item iftud punctum eft etiam materia, ex qua omnia metalla ducunt originem. Vnde inquit Alphidius, vt enucleatius intelligas me loquentem , volo vt fcias de qua materia metalla ducunt originem. Attende itaque, aqua grauis & vifcofa, in vifceribus terræ, non habens exitum foras, fi propè habeat fulfur metallicum eius excocta calore,conuertitur in Arg. viuũ.

Materia me tallorum. Et fic notabis,quòd aqua vifcofa , & fulfur metallicum funt materia generalis omnium metallorum. Hoc idem dicit Geber,cum diffinit Arg.viuum di-

Arg.viuum quid. cens, Arg. viuum eft aqua vifcofa fulfure metallico denfata in vifceribus terræ , per calorem temperatifsimum vnita totali vnione per minima,quoufque humidum contemperetur à ficco,& ficcum ab humido æqualiter.

Notãdum. Notabis ergo aquam vifcofam , & effentiam albam,quam dicimus effe etiam materiam particularem argenti,& Stanni.

Calor temperatifsim° modus perficiendi. Item notabis calorem temperatifsimum,tãquam inftrumentum perficiens ipfam.

Item notabis modum perficiédi,cum dicit,quoufque humidum contemperetur à ficco.

Notãdum. Item notabis, quòd Argentum, Argyrion , bos, Cafpa, Chefleph,effentia alba,Fada,fœmina,forma mulieris,gallina,Giumis,he,hypoftafis, Luna,olus, ouis,feptem,Smerata,& alia idem funt.

Vifa autem electione,mundatione,mixtione,corruptione,generatione,alteratione, cum loci muta-

.F.

tione,

tione, sublimatione, & augmétatione formæ, videamus eius fixationem, quæ fit per diminutioné, qui
est quartus motus naturæ, quæ diminutio dicitur, &
fit per decoctionem, vt narratum est supra in præ al-
legato secreto Hermetis videlicet, vitis sapientum,
& cætera. Nam sicut Luna postquam plena est, de
die in diem incipit diminui, donec de ipsa nihil appareat, sic albedo, & illuminatio istius æquati incipit diminui per decoctioné, donec tota albedo di-
minuta sit, & appareat rubedo per nigrediné, & ci-
trinitatem, quæ penitus apparebit, si non remanserit
aliquid de illa humiditate aquosa, quæ mittit albidi-
nem. Si vero quid remanserit, tunc nó est facta desiccatio. Siccetur ergo donec deueniat, & tunc bene
erit. Cui rei & illud hippocratis in Aphorismis apta-
mus, inanitio si qualem oportet fieri, fiat, confert, &
bene erit. Si verò non è cótra. Glossa, inanitio, id est
desiccatio. Ité Hermes, ponite igni ipsius humidi-
taté, & in humido igné habitare facite, qui ignis sua
caliditate huiusmodi manifestæ humiditatis coloré
auget, & occultæ siccitatis conbustioné, donec per-
fectú fiat. Ité Alphidius, inspice fili, quia scripturus
sum tibi librú, cuius verba si intellexeris, hanc arté
inuenies, si fueris de his, qui dei gratia sunt eã inué-
turi. Si verò hęc verba nó intellexeris, nó accedas ad
operandú, nisi inceperis tentare, & aquas coquere,
quæ putrefaciendo spissantur putrefactionis manifestæ humiditate, & vi occultæ siccitatis ipsius corporis, cuius genus est quoddam sal de genere saliú.
Extractum enim est ex Salsosis, quæ in quolibet
anni tempore generantur in gingiuis marium.

G

Mot⁹ quar
tus, Clauis.
6. & secun-
dum púctú.
Fixatio per
diminutio-
nem.

Salsosa.

Inſpiſſatio. ¶ Notabis ergo, quòd per putrefactionem ſit inpiſ-
ſatio ex conuerſione frigidi & humidi in caliditatem, & ſiccitatem, quod apparet ibi ſupra. Cape igi
tur in nomine ſanctæ, & indiuiduæ trinitatis, & cætera. Nam aurum mixtum cum Arg. viuo cum inci
pit alterari, efficitur nigrum vt carbo. Vnde, inquit,
Hermes in allegoria ſua, Marthek noſter inquiſitus
caret ſimili, & eſt citrinus aureus extrinſecus & in-
trinſecus. Cum autem miſtum eius alteratur, ſit nigrum & tenebroſum vt carbo. Spiritu autem ab eo
ablato color eſt rubeus, ſpiritu item & anima ſibi
redditis viuit, & lætatur, & vides eum ridentem, &
hilarem, ac morte carentem. Benedictus igitur ſit
ille, qui ſcit diſpoſitionē hanc, qui mortificat & vi-
uificat, & omnipotens eſt. Item Hermes in eodem
loco, ego ſum album nigri, & nigrū albi. Et ſic appa
ret, quòd alteratio eſt albedine in nigredinem, & à
nigredine in albedinem. Et vlterius iſta deſiccatio,
ſiue diſpoſitio continuè facit conuerſionem in caliditatis naturam, id eſt in rubedinē, quæ tamen pro-
uenit ex parua dealbatione. Hoc idē dicit Roſinus,
cum ait, quòd ars Marthek non ſit niſi ex Riſóo ſtá-
no, vel & cætera. Ex quibus debet intelligi, quòd
vnus eſt diſpoſitor nigri, Albi, Citrini, & Rubei. Et
hoc eſt quòd dicit Alphidius, ſcito fili, quòd in huius maris profundo Margaritæ diuerſorum colorū
naſcuntur, in quo & hyacinthus diuerſi coloris aſcē
dit, & etiā ipſum ſcilicet Marthek colorat corpora
per calorē ſuum. Cū enim fuerit calidū, erit rubeū,
cum vero frigidū fuerit, erit albū, ſimiliter erit caloris & cādoris Solis & Lunæ. Et rubeū eſt caliditas,

&

& albedo eſt frigiditas,intellige ergo & obſerua. Itē
notabis, ꝗ Rubedo eſt ſignum caliditatis, & Albedo frigiditatis. Et iſtud eſt tertium punctum artis, &
in domo martis, quod eſt alterationis. Hermete ſic
aſſerent, tertio menſe operatur mars agens in materiam, qui ex ſua caliditate & ſiccitate diuidit Maſ-
ſam ipſam, & membra diſponit.

Notabis membra. Nã ſicut in matrice natura diſponit membra tãquam partes integrales ipſius foe-
tus, ſic & iſtud corpus rubeum tãquam partem in-
tegralem totius confectionis medicinæ. Nam in o-
mni compoſitione, quæ fit poſtquam iſtud corpus
terminatum eſt, cadit ſemper tanquam pars inte-
gralis compoſitionis, vt inferius declarabitur.

Item notabit, ꝗ iſtud corpus habet multa nomina. Vocatur enim Acidum, Acutum, Adam, Alma-
gra, Altum, Alzernad, Aries, Aurum alteratum, tin-
ctum, Cadima, Cancer, Carmeth, Chibur, Cholera, Ciniſtartari, Corſufle, Dehab, Deheb, dex-
tera, æs æſtas, forma viri, Falco, Fex, Gallus, Go-
phrit, Granuſæ Thiops, Hageralzernad, infinitum,
Kibrit, lapis indus, indrademus, Lazuli, mane, mars,
maſculus, Marthek, Oliua perpetua, Oriens, petra-
ſtellata, Phiſon, reſidentia, rex Raçon, Sol, Subſolanus, Tamuç, tertius decimus, Thelima, Thion,
Thita, Vau, Vena Virago, Toarch, Xit, Zahav, Zumech, Zumemelazuli. Et etiam multis
aliis nominibus appellatur à ſapientibus. Quæ
quidem nomina non ſunt ei attributa ſecundum
vnam rationem, ſeu proportionem. Nam ſapientes,
qui vocauerunt illud Acidum, & cætera, dixerunt

Complexio

Ac propter suam alteratam complexionem. Calidæ enim hæc omnia & siccæ complexionis sunt cum alterentur. Qui vero nuncupauerût ipsum Aduma, gummam rubeam, oleum rubeum, rubedinem, rubinum, Sericon, substantiam rubeam, sulfur rubeû,

Color rubeus.

vitellum, vitriolum rubeum, propter colorem rubeum hoc dixerunt. Qui autê nominauerunt ipsum

Impotentia fusionis.

ferrum, oleum martis, propter impotentiam fusionis.i.duræ hoc dixerût. Nã cum hoc corpus per decoctionem priuatum sit humiditate superflua, quæ faciebat ipsum fluere , & necesse sit corpus siccum non fluere, ideo vocauerunt id ferrum, quia prę aliis metallis ferrum dicitur maximè fixum. Sic etiam istud corpus per priuationem superfluæ humiditatis, quæ faciebat ipsum primò fluidum , modo est necesse, vt remaneat fixum. Nã omnia corpora non fixa, fixantur per talem priuationem humiditatis, quæ vocata fuit calcinatio à multis sapientibus. Vn-

Calcinatio quid.

de inquit Geber, calcinatio est rei per ignem purificatio , seu puluerizatio ex priuatione humiditatis partes consolidantis, & fluere facientis. Et causa in-

Cur nibéta.

uentionis calcinationis luminarium, argêtorúmque viuorum insimul est, vt ibi magis , & melius densetur terra, terræ residuæ in luminaribus conuersa. Sic ergo fit per priuationem humiditatis, quod erat volatile fixum, & quod molle durum. Item fit mutatio de natura in naturã. Et de aqua in ignem secundum naturales: vt legitur in turba. Item mutatio côplexionû, vt de frigida & humida côplexionê in calidam & siccã. Seu de phlegmatica in cholericam, secundum physicos. Item fit quod erat spirituale

corpo

corporeum, secundum authorem perfecti magisterij. Item fit de manifesto occultum, secundum rho-
dianum in libro trium verborum.

Sciendum est item, quòd in vnoquoque corpore
sunt tres dimensiones scilicet longitudo, latitudo, &
profunditas, Philosopho teste, primo cæli.

Longitudo, latitudóq; est id corporis, quod ma- Dimentio
nifestè apparet, nostróque visui primum subiacet. triplex.
Exempli gratia, corpus nostræ artis in prima sua
dispositione est album, & ita apparet prima facie,
quia dicimus ipsum frigidum, & humidum, vt est.
Rhodiano sic asserente, corpus nostrum est aqua-
ticum, quia est frigidum & humidum, & aqua est
frigida & humida. Humidum autem fluit. Quod
vtique verum est, & talis dispositio dicitur corporis
longitudo, ac latitudo.

Altitudo verò est illius medicinæ dispositio, per
quam itur ad profundum, qnæ nostra medicina est,
& est vita altitudinis, ac profunditatis, tanquam medium inter duo extrema, seu contraria, per quod in
extremum peruenitur, quia impossibilis est transitus de extremo ad extremum sine medio: teste phi
losopho, sexto Physicorum. Sæpe enim dictum est,
quòd materia prima artis est humidę & frigidę có-
plexionis, quam si volumus facere trāsire ad medicinam dispositiuā, necesse est vt altera qualitas de-
struatur in ea. Destruitur autem per putrefactioné,
Nam frigidum & humidum per putrefactionem
inspissatur, & eius humiditas vertitur in siccitatem,
& sic fit transitus ad medicinam dispositiuam, quæ
est caliditas & siccitas, quæ sit Altitudo.

Natura tamen à frigido & humido frigiditatem,&
à calido & sicco siccitaté recipit,& sit corpus.Post-
eà vero per calorem excessiuú,si qua humiditas re-
mansit in corpore,sit transitus ad contrarium , de-
struendo frigiditaté & introducendo caliditaté,que
dispositio dicitur profundú, seu occultú corporis.
Et hoc patet in libro psecti magisterij in particula

Qualitates Sulfuris rubei.

illa ferrum.i.Sulfur rubeum in sua altitudine est
frigidum,humidum,calidum,siccum,cholericum,
rubeum,acutú,odoriferum, masculinum,&c.

Hactenus visum est qualiter materia, id est Sper-
ma metalloru Arg.viui passiui bene dispositi con-
uertitur de natura in naturá,scilicet de frigiditate &
humiditate in caliditatem & siccitaté formæ Auri
actiui perfectæ tincturæ.Et quia in isto puncto maior pars sapientum incipit loqui, vt Alphidius de
Minera,qui dicit,sulfur rubeum.Lucas vero,mas-
culinum,cum dicit:Accipite Márthek; & dealbate
eum, &c.Et plures alios sapiétes possum⁹ adduce-
re in eádem sententiá,quos in præsentia ómittimus
breuitatis gratia.Ratio auté,quare omnes ferè initium sumpserint ab ista forma rubea, est: quia ista
forma rubea est principiú totius Tincturæ,nec sit
Tinctura vera sine ea.Vnde Rosinus inquit: Scitote cp non fuit aliquis,qui in hac arte verbum di-
xerit omni velamine denudatú præter Hermetem.
Is enim dicit:Scitote quòd nó sit in tinctúra vnquá,
nisi ex rubeo lapidē.i.Auro fuluo cum Arg. viuo
rubificato.Item Géber de Essentia (.i.substantia)
Solis asserie:cp Sol creatus est ex subtilissima Arg.
viui substantia & ex modica substantia Sulfuris
(me-

metallici mundi,& puræ rubedinis,fixi,clari,& à na
tura fua múdati, tingent is illam fubftantiam. Item
Géber dicit de fole:Aurum eft pretiofifsima metalloru forma,& tinctura rubedinis:quia tingit,tráf-
format,& illuminat omne corpus, quoniam lumen
eft,& tinctura vera, & perfectio totius operis diuini, quod Deus electis fuis largitur: cui fit laus femper,honor,& gloria.

Forma me-
tallorum.

Requifita Voarchadúmicæ artis.

Caput quartum.

Ræter ea inftrumenta(quæ non pau-
ca reperiuntur,Vicétio tefte) Affinationis, fcilicet Aurifabrilis, Cudimiæ-
que,quæ fingula ad artem præfentem
Voarchadúmicam,tanquam eam ih-
gredientia requiruntur:nonulla etiam ad propofitú
facientia,fummatim refumendo, enucleabimus.

A

AEquilanx,cum ponderibus iuftificatis,vt infra. **Synonyma**

Aër cum Plumbo nigro mundatus:& cú materia
prima artis,aliter lux minor vocatur,&c.

Alteratio mixtionis.

Aludel, aliter venter equi confectum ex lapide
lebétum,qui in diocefi Mediolanenfi inuenitur, in
loco vocato Chiauena, & vico nomine Piúr, petra
columbina, tufo Veronenfi,terra argillæ, crucibu- **Synonyma**
lorum,feu valentina,&c.

Anthybar aliter Márthek,& cætera.

Aqua,aliter Arg.viuum,& cætera. **Synonyma**

Filtratorium vas ligneum cum fundo marmorino.

Fixatio Animæ cum ſpiritu in corpore olei vitri.

Fornax cũ furnis, &ʒlatrina ærea, aliter Equus, &c.　Synonyma

Fuſio.

G

Generatio corruptionis mixtionis.

I

Ignis, aliter Lux maior, &c.　Synonyma

Ignis albus viuus, aliter Calx alba viua, &c.　Synonyma

Ignis alienus, aliter Fimus equinus, &c.　Synonyma
　Synonyma

Ignis alterationis.

Ignis augmentationis.

Ignis corruptionis.

Ignis fixationis.

Ignis fuſionis.

Ignis generationis,

Ignis ſublimationis, aliter ſubtiliationis, &c.　Synonyma

Inſertio iuſtificationis, aliter Ligatura, &c.　Synonyma

L

Lutum tomenti.

M

Manica.

Materia metallorum, aliter Arg. viuum, &c.

Materia prima artis, aliter corpus, &c.　Synonyma

Mixtio elementaris Animæ cum Arg. viuo.　Synonyma

Mixtio ſpiritualis Animæ cum oleo vitri.

Modi operationum.

Mundatio Arg. viui, Elementorumqʒ.

Mutatio loci.

N

Nutus, id eſt Temporis diuiſio.

O

Olla terrea non vitreata.

P

Porfidum molare.

Principia artificialia,naturaliaq;.

Proiectio me adumà tam super insipidum, quàm
metallum.

R

Receptaculum ligneum.

Regiſtrum ferreum.

Reiteratio miſcibilium.

S

Sacculus ex tela alba.

Spumatorium inſtrumentum ferreum.

Sublimatio Arg.viui.

T

Synonyma Terra,aliter oleum vitri,&c.

Triä salia.

Trituratio miſcibilium.

FORNACIS MAGISTRALIS
Voarchadumiæ defcriptio.

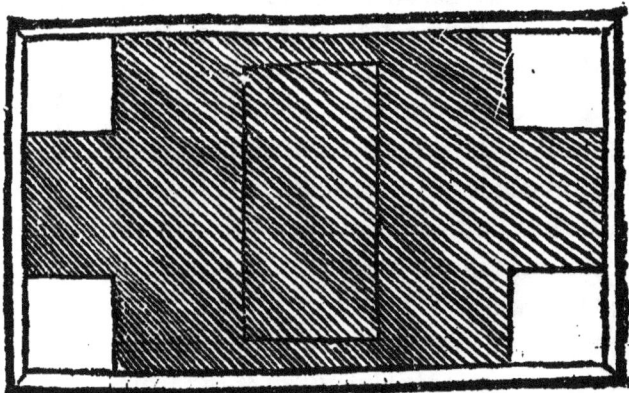

Caput quintum.

Nter alia quæ acti Voarchadumicæ requiruntur, fornax fupelletili fua inftructa proponitur, fiue qua nihil prorfus operam poteft artifex. Hanc ex lapidibus argillæ, feu Tufis fectis, & luto tomenti diximus conftruendam: iufta modulum hic infra pofitum. Quatuor igitur Colum-
Columnæ.
næ fuis bafibus innixæ: altitudinis pedum trium & femis, ad quatuor angulos ab inuicem, longitudinis trium pedum, & totidem femipedum, latitudinis autem duorum pedum, difcretè erigantur. Tria inter fe ftrata feu pauimenta, interuallis duo-
Tria ftrata.
bus diftincta (medium, fcilicet ab infimo, quiuis femipedibus in arcus fufpenfum, à fupremo vero femiffe

Panimentū medium.
Dom⁹ ignis

miſſe gemino ceſſum) continentia. Hoc inquam
medium pauimentum(vbi iacet ignis) ſpondilibus
dimidij ſemis hinc,& hinc ſeptum pedis craſsitudi-
ne ſternatur.In cuius medio foculare , ſeu domus
ignis quadrangulari forma ſtatuatur , cuius latera
per tranſuerſum duorum pedum cum dimidio ſemis,reliqua verò duo trium ſemipedum ſpatiũ me

Cratis fer-
rea.

tiantur,cum ſua crate ferrea ſuper verram ferream
ſemipedalem in obice,ſeu nembello(vt vulgus ap-
pellat)ſita,octauo pedis circundata, cum quatuor

Portæ.

portis,cuiq; lateri ſua,quarum duæ interiores(vnde
flamma,ceu per caminos æſtuet in furnos) dimidiati ſemipedis,exteriores autem ferreæ clauden-

Furni.
Regiſtrum.

tes,dimenſionem ſemis capiant.Furni autē vtrinq;
ad longum fornacis, pedis menſuram occupent.
Regiſtrum item ferreum,alteram interiorum por-
tam obturas, tantum ſit, quanta fuerit altitudo , ac
latitudo interualli,ab hoc ad ſupremum pauimen-
tum.Subter cratem vero,vbi cineres igniti cadent

Latrinæ di-
menſio.

(ob euitandum ignis periculum)fiat Latrina ærea
longitudinis duorum pedum,latitudinis vnius,& to
tidem altitudinis,ſemiplena ſemper aqua, cũ quatuor rotis,& annulis duobus,leoninis capitibus in-

Supremum
pauimentū.
Canna.

ſertis,quibus impelli poſsit,& extrahi. Supremum
tandem pauimentum ſiue planum circumualletur
mœnibus dimidio ſemiſſe craſsis . In eius medio
Canna ſituetur altitudine trium ſemipedum,ſemiſ-
ſis vero capax per diametrum,tunicata autem di-

Plani area.

midiato ſemipede , cum obice ab intus. Eius plani
area per longum fornacis ſtrata, cannæ & ſui con-
traforti interuentu diuiſa pedem latitudinis habeat,
cum

cum spiraculo ad vtrunque extremum nihiloplus
aperto, quàm dimidiati semipedis dimidio. A dex-
tris cannæ sex lapidei Aludel cum suis lapideis Ca- *Spiraculum*
rahà, semissis capaces, tam in altitudine, quàm lati-
tudine, totidémque à siniftris ponantur. Sic erit tota *Aludel.*
fornax in omñ sua dimensione consummata. Ad- *Carahá.*
dito cannæ operculo terreo, suis cum gingiuis ferreis armato, inferto obici: cuius capulum sit inftar
forcipis: longitudinis trium pedum & semis, ipsum *Operculú.*
amplectens operculum, in modum vectis retorti.

Modulus

PORTIO

MODLVS FOR NACIS AGISTRALIS
In actum educo.

Summarium Voarchadúmiæ.

N 1	N 2	N 3	Numeri naturarum saliũ materiæ primę artis.
CALIDI / SICCI.	AER	HVMI / FRIGI	Qualitates primæ materiæ prædictæ.
IGNIS.	TERRA.	AQVA	Elementa cũ materia metallorũ, oleíq; vitri.
G	DIES.	10	Mundatio, Clauis. 1.
R I	I	I	Mixtio, Cla. 2.
A		7	Corruptio, Primus mot⁹: Cla. 3. & primũ pun ctum.
D		5	Generatio, secũ. mo. Cla. 4. An. tert. mo. Cla. 5. Fix. qr. mo. Cla. 6. & sec. pũctũ.
		3	Alte. cũ loci mutatione, quint. mot. Cla. 7. & ter. punctum.
SVL	RVBEVM.	SVR	Minéra perpetua, Fundamentum artis.

Right-hand vertical: TEMPORA

Res neceſſarię Voarchadúmicæ artis.

Caput primum.

Vltimodè in præcedentibus portionibus traditū fuit, quid ars Voarchadúmica eſſet, quidq; tractaret, ac in ſę con tineret : necnon qualia ſint ignis, aër, & aqua metallica: inſimul rubificata, ac terra potentialis, aliáque diffuſè ſu perius enarrata. Modò reliquum eſt, quod ſupereſt artis explere, ac literis tradere. Igitur lector ſolertiſ- ſime, per Chómer riſón me aa melachot materiam primam artis naturæ uitri notabis.

Notandū.

Per Muchábelim recipientes , Mecúbalim reci- pientium.

Per Cheſſeph chái, Arg. viuum, ab Arg. viuo cum arena alba per ignem ſepties mundato.

Per Gophrít, ſulphur rubeum, quod eſt Marthek ſepties multiplicatum.

Ithochodut horucot, Iachid baruchot, Vnionem ſpirituum, hoc eſt ignem, & aërem, albumen ouorū gallinarum nuncupatum.

Et per Douor, Dauar echád, vnam ſolam rem, nempe argillam crudam ſimplicem, oleum vitri, Au rum, Argentum, Argentúmque viuum diſponentê, conuertentèm, conſtringentem , ligantem, necnon

dantem

dantem proportionem.

Superfluum enim, immo abfurdum effe arbitramur fpeciatim quæ, quot, & qualia fint elementa metallica, naturaliáque, in Voarchadúmicæ cabalifticum magifterium metallorum ingredientia aliter differi à nobis. Quid ité fit forma, quid materia prima artis, quid materia metallorum. Item quid medium difpofitiuum. Rurfum quid oleum vitri, quid Aurum, quid Argentum: quid deinde Arg. viuum de corde Saturni, id eft de vifceribus terræ, quid denique Argilla cruda fimplex, filentio præterire D E-C R E T V M fuit. Nam hæc vti prima elementa, & fine quibus maiora fciri non poffunt, cuilibet, vel mediocriter erudito notandum effe cenfemus.

Confumatur autem arcanú hoc myfterium fimi equini, hoc eft ignis, medio (vt iá diximus) fub N V-T V, determinatóque temporis fpatio, cum tricruci Gradu illo huiufmodi ficut fuperiùs elucidauimus, & vlterior erit fermo in fequentibus.

Notandū.

Quanto temporis dierú, fcilicet & horarú fpatio opus fit in operatione, ac reiteratione.

Caput fecundum.

	Dies, &	Horæ.
N .	Sex indicat, &.	12 . in corruptione
V .	Decem in genitura.	
T .	Nouem, &.	12 . in augmentatione.
V .	Decem denique in fixatione cum alteratione per loci mutationem.	

Motus nanque iam dicti omnes tricruci illo Gradu terminandi funt.

Summa vero dierum fimul cum horis funt dies.36.

Septenario autem numero cribrationes.i. reitera
tiones omnes perficiuntur. Quare horum omnium
vna congregatorum dies omnes funt.52.

Carbonum quantitas pro Voarchadú-
miæ complemento.
Caput tertium.

Rror, cui ftatim emergenti non oc-
curritur', poftea in imméfum auctus
facilè non conceditur emendari. Ne
quid igitur ob negligentiam noftram
inopere huiufmodi defideretur ad
Carbonum
quantitas. perfectionem requifitum, fubdimus etiam Carbonum quátitatem. Nam fine hac nunquam voti fui
compos artifex euadet.

Huius ergo fumma eft.84. Corbarum ad menfu
ram, qua venetiis vtimur, vna fcilicet pro quotis qui-
bufque trinis diebus, Aduma exiftente librarú.473.
Oz.0. quòd.1. k.15. g.3. Quæ funt Poftæ.23. Ru-
bus.1. Marchæ.6.& cætera. Vna fupra Decem partes plumbi nigri proiecta.

Medicinæ Voarchadúmicæ reiteratióes alteratiuę.
Caput quartum.

M. N medicinæ autem Voarchadúmicæ
reiterationibus cadit vna fupra. C. partes, fupra. D. partes, & fic in reliquis.
Vnus itaque, trinúfque ineffabilis Opi-

fex laudetur per fæcula cũcta, qui fua bonitate im-
menfa Cabalifticis metallorum (hoc eft vifu perci-
pientibus) tantum gratiæ, munerifque largitus eft.

Schema de proportione argenti.

Caput quintum.

Arg. minus perfectum.   Aes minus imperfectũ.

.7.	1008.	1.
.6.	864.	2.
.5.	720.	3.
.4.	576.	4.
.3.	432.	5.
.2.	288.	6.
.1.	144.	7.

Mixtio Argenti proportione diuifa.

Argenti puri.   Proportio.   Refpondentia.

Argenti puri	Proportio	Refpondentia		
K. .576.	K. .576.	Oz .iiii.		
.612.	.540.	.iiii.	ꝙ.i.	Principium
.648.	.504.	.iiii.	ꝙ.ii.	alterationis
.684.	.468.	.iiii.	ꝙ.iii.	Argenti.
K. .720.	K. .432.	Oz. V.		
.756.	.396.	.V.	ꝙ.i.	Bona altera
.792.	.360.	.V.	ꝙ.ii.	tio.
.828.	.324.	.V.	ꝙ.iii.	Noftra alte
				ratio.

PORTIO

	K. .864.	K. .288.	Oz. vj.	
Bona alteratio.	.900.	.252.	. vi.	ꝗ. i.
	.936.	.216.	. vi.	ꝗ. ii.
	.972.	.188.	. vi.	ꝗ. iii.

	K. .1008.	K. .144.	Oz. vii.	
Noſtra alteratio.				
Bona alteratio.	.1024.	.128.	. vii.	K. 16.
Ligatura.	.1044.	.108.	. vii.	ꝗ. i.
Veneta.	.1080.	..72.	. vii.	ꝗ. ii.
	.1092.	..60.	. vii.	ꝗ. ii. K. 12.
Moneta Cinericiū.	.1116.	..36.	. vii.	ꝗ. iii.
	.1128.	..24.	. vii.	ꝗ. iii. K. 12.

In proportione Auri ſchema. Caput ſextum.

Aurú magis perfectú.	Argentú minus perfectum.	
.11.	22.	..1.
.10.	20.	..2.
..9.	18.	..3.
..8.	16.	..4.
..7.	14.	..5.
..6.	12.	..6.
..5.	10.	..7.
..4.	.8.	..8.
..3.	.6.	..9.
..2.	.4.	.10.
..1.	.2.	.11.

Mixtio Auri in proportione diuiſa.

Auri fului.	Proportio.	Reſpondentia.
K. .576.	K. .576.	K. .xii.

.382.

.582.	.570.	xii.	g. ½.	**Principium alterationis Auri.**
.588.	.564.	xii.	g. i.	
.594.	.558.	xii.	g. i. ½	
.600.	.552.	xii.	g. ii.	
.606.	.546.	xii.	g. ii. ½	
.612.	.540.	xii.	g. iii.	
.618.	.534.	xii.	g. iii. ½	
K. .624. K.	.528. K.	xiii.		
.630.	.522.	xiii.	g. ½	
.636.	.516.	xiii.	g. i.	
.642.	.510.	xiii.	g. i. ½	
.648.	.504.	xiii.	g. ii.	
.654.	.498.	xiii.	g. ii. ½	
.660.	.492.	xiii.	g. iii.	
.666.	.486.	xiii.	g. iii. ½	
K. .672. K.	.480. K.	xiiii.		**Bona alteratio.**
.678.	.464.	xiiii.	g. ½	
.684.	.468.	xiiii.	g. i.	**Noftra alteratio.**
.690.	.462.	xiiii.	g. i. ½	
.696.	.456.	xiiii.	g. ii.	
.702.	.450.	xiiii.	g. ii. ½	
.708.	.444.	xiiii.	g. iii.	
.714.	.438.	xiiii.	g. iii. ½	
K. .720. K.	.432. K.	xv.		
.726.	.426.	xv.	g. ½	
.732.	.420.	xv.	g. i.	
.738.	.414.	xv.	g. i. ½	
.744.	.408.	xv.	g. ii.	

	.750.	.402.	.xv.	g. ii. $\frac{1}{2}$.
	.756.	.396.	.xv.	g. iii.
	.762.	.390.	.xv.	g. iii. $\frac{1}{2}$.
Ligatura. Venera.	K. .768.	K. .184.	K. .xvi.	
	.774.	.378.	.xvi.	g. $\frac{1}{2}$.
	.780.	3.72.	.xvi.	g. i.
	.786.	.366.	.xvi.	g. i. $\frac{1}{2}$.
	.792.	.360.	.xvi.	g. ii
	.798.	.354.	.xvi.	g. ii $\frac{1}{2}$.
	.804.	.348.	.xvi.	g. iii.
	,810.	.342.	.xvi.	g. iii. $\frac{1}{2}$.
	K. .816.	K. .336.	K. xvii.	
	.822.	.330.	.xvii.	g. $\frac{1}{2}$.
	.828.	.324.	.xvii.	g. i.
	.834.	.318.	.xvii.	g. i. $\frac{1}{2}$.
	.840.	.312.	.xvii.	g. ii.
	.846.	.306.	.xvii.	g. ii. $\frac{1}{2}$.
	.852.	.300.	.xvii.	g. iii.
	.858.	.294.	.xvii.	g. iii. $\frac{1}{2}$.
Bona alteratio.	K. .864.	K. .288.	K. .xviii.	
	.870.	.282.	.xviii.	g. $\frac{1}{2}$.
Nostra alteratio.	.876.	.276.	.xviii.	g. i.
	.882.	.270.	.xviii.	g. i. $\frac{1}{2}$.
	.888.	.264.	.xviii.	g. ii.
	.894.	.258.	.xviii.	g. ii. $\frac{1}{2}$.
	.900.	.252.	.xviii.	g. iii.
	.900.	.246.	.xviii.	g. iii. $\frac{1}{2}$.

K. .912.	K. .240.	K.	.xix.		
.918.	.234.		.xix.	g. $\frac{1}{2}$	
.924.	.228.		.xix.	g. i.	
.930.	.222.		.xix.	g. i. $\frac{1}{2}$	
.936.	.216.		.xix.	g. ii.	
.942.	.210.		.xix.	g. ii. $\frac{1}{2}$.	
.948.	.204.		.xix.	g. iii.	
.954.	.198.		.xix.	g. iii. $\frac{1}{2}$	
K. .960.	K. .192.	K.	.xx.		
.996.	.186.		.xx.	g. $\frac{1}{2}$	Bona altera tio.
.972.	.180.		.xx.	g. i.	
.978.	.174.		.xx.	g. i. $\frac{1}{2}$	
.984.	.168.		.xx.	g. ii.	Noftra alte retio.
.990.	.162.		.xx.	g. ii. $\frac{1}{2}$	
.996.	.156.		.xx.	g. iii.	
.1002.	.150.		.xx.	g. iii. $\frac{1}{2}$	
K. .1008.	K. .144.	K.	.xxi.		
.1014.	.138.		.xxi.	g. $\frac{1}{2}$.	
.1020.	.132.		.xxi.	g. i.	
.1026.	.126.		.xxi.	g. i. $\frac{1}{2}$.	
.1032.	.120.		.xxi.	g. ii.	
.1038.	.114.		.xxi.	g. ii. $\frac{1}{2}$	
.1044.	.108.		.xxi.	g. iii.	
.1050.	.102.		.xxi.	g. iii. $\frac{1}{2}$.	
K. .1056.	K. .96.	K.	.xxii.		Bona altera tio.
.1062.	.90.		.xxii.	g. $\frac{1}{2}$	
.1068.	.84.		.xxii.	g. i.	Noftra alte ratio.
.1074.	.78.		.xxii.	g. i. $\frac{1}{2}$	

	.1080.	..72..	.xxii.	g. ii.
	.1086.	..66.	.xxii.	g. ii.$\frac{1}{2}$.
	.1092.	..60.	.xxii.	g. iii.
	.1098.	..54.	.xxii.	g. iii.$\frac{1}{2}$.
Bona altera tio noftra alteratio. K.	.1104. K.	..48. K.	xxiii..	
	1110.	..42.	.xxiii.	g. $\frac{1}{2}$.
	.1116.	..36.	.xxiii.	g. i.
	.1122.	..30.	.xxiii.	g. i.$\frac{1}{2}$.
	.1128.	..24.	.xxiii.	g. ii.
	.1134.	..18.	.xxiii.	g. ii.$\frac{1}{2}$.
	.1140.	..12.	.xxiii.	g. iii.
	.1146.	...6.	.xxiii.	g. iii.$\frac{1}{2}$.

Res magis principales ad Voarchadúmiam
pertinentes, fub nota, cum oftéfione
prædictarum notarum.
Caput feptimum.

Etamorphofin quidé Arg. viui ani-
mati palàm, abundéque, ac dilucidè
præfenti volumine, lector peritifsi-
me (vt clarum eft tuæ fapientiæ) iam
folo eius intuitu publicauimus. Nor-
mam item eius ad finem vfque perfectum redegi-
mus. Nunc autem prolixitati, laboríque hæredum
doctrinæ huiufmodi confulentes, abfcondita magis
reuelando, paucis arcani huius myfterium refera-
mus. Dicimus nanque fapientum Lopas tres effe:
animalem fcilicet vegetalem, & mineralem. Perfe-
cturus itaque animalem, ab animatis fumat initium,
sine

Lopa fapiē
tum triplex

fine quo,& congruo temporis fpatio, idæam educi
viuentem minimè poffe fciat. At vegetalem fimili-
ter cupiens,illud non ignoret,granum cadens in ter
ram ni moriatur,folum effe mafurum & infructuo-
fum.Mortuum verò fieri fertile. Si denique appe-
tat mineralem, votum nequaquam fortiturum fe
agnofcat, fine proceffu, atque intelligentia. 448.
400.344.&,512. Quare quifque ad audiendum
aures arrigat. Apertè equidem iam fupra,infráque
patefecimus quicquid fapientes hactenus inuolutum fuis enygmatibus,& inuolucris fcripferût.No-
ticiam igitur tanti, tamque mirandi myfterij fub
elementi nomine illo denotati quicunque nancif-
cetur,per facrofanctum dei nomen,eum admone-
mus & adiuramus, ita cautè feruet, ita ipfum tra-
ctet,ne panis filiorum Alchimiftis, indigniffue tantum munus fponte noftra,elargiamur.

Notarum prædictarum Voarchadú-
micæ artis oftenfio.

$$I..9.A..1.A..1.T.19.$$
$$G..7.E..5.Q.16.E,,5,$$
$$N.13.R.17.V.20.R.17.$$
$$I,.9.I..9.A..1.R.17.$$
$$S,18.S.18.E.,5,AE..6,$$

56.	50.	43.	64,
8	8	8	8

448,	400.	344.	512.

Epilogus

Epilogus prædictorum. Caput octauum.

Am igitur quæ ad Aurifrabilem, Cudimíam, officinam nummariá, & cabala metallorum, ad metalloru perfectioné arcana pertinentia sunt, præter materiam primam artis, ad minereq; Argenti & Auri duarum rubearū, Theoricam, ac Practicam, proportionémue requisita, Denique mysterium ipsius artis Voarchaduchadumicæ penitus contra Alchímiam, haudq; parūper distinctam ab Archimía, & Sophia, ad tuam, lector candidissimè, contemplationem ædidimus. Pro quo detnde in speculo nostro Domino æterno omnipotenti aspirante(si hæc non displicuisse cognouerimus)altiora profectò reuelabimus pro nostra sin gulari erga virtutis indagatores, & cupidos veritatis beneuolentia, animiq; gratitudine, ac sinceritate.

Authoris excusatio de multifario vocabulorum vsu in Voarchadumica facultate.
Caput nonum, & vltimū.

Equum, sanè, fore arbitramur, lector solertissimè, cum Voarchadumicam facultatem vocibus ei consentaneis hactenus explicuerimus, vt nobis veniam præbeant eruditi Grammatici, vti solent cæteris disciplinarum professoribus, si quippiom hoc in nostro volumine scriptum, aut obsoletis(vt aiunt)vocabclis præter, vel contrr maiorum decreta dictum sit. Id enim non temere, seu negligentia, ignorantiáue factum putent.

Sed iure nempe ipfius profefsionis ita exigétis eue-
niffe. Aut forfan tollendæ æquiuocationis gratia ip
fius vocis, vel fæpius indicandæ verioris proprieta-
tis occafione, vocam quempiam vfurpatam fuiffe,
qua promptius aliquid arti confentaneum, ac præter folitum vfum, veros tamen cóceptus preferente
decuerit enucleaffe. Quandoquidem nulli authorú
(noftro non folum iudicio, fed communi omnium
cófenfu) in quacunq; fcribétium facultate hoc ne-
gatum exiftit: quin nonnullis, ac veluti propriis ter-
minis vti liceat, atque fuum feruare ftylum, ne pro-
prios artis illius excedere, vel egredi limites (quod
omnino profanum effet) videantur, Cui (fanè) ve-
ritati apertifsime aftipulatur illa peripateticorum
principis doctrina edocentis (in genere relationis)
oportere aliquando pro explicandis rerú proprie-
tatibus, nomina cófingere. Quamobré & nos hunc
fcribendi morem feruaffe, ipfa ita exigente Voarchadúmica facultate, nemo fuccenfeat.

Aeditionis meta.

Oarchadúmia à Ioáne Auguftino Pan
theo Venero facerdote ædita, fœlici-
bus aufpiciis explicit. Regnanta Iuftif-
fimo Andrea Griti.

Hymnus ad gratiarum actiones.

Iam Deo exactus

Liber eft fauente,

Laus tribu, Patri,

Genitoque, & almo

Flaminis, cunctisq;

Decus sit, atq;

Gloria seclis.

Index contentorum in tribus portionibus huius operis.

A

REPERTORIVM.

M

REPERTORIVM.

Finis.

www.ingramcontent.com/pod-product-compliance
Lightning Source LLC
Chambersburg PA
CBHW051741090426
42738CB00010B/2362